近世ハンガリー農村社会の研究

――宗教と社会秩序

近世ハンガリー農村社会の研究

宗教と社会秩序

Religion and Social Order in Early Modern Hungary

飯尾唯紀
著

北海道大学出版会

はじめに

これから本書が扱う一六世紀半ばからおよそ一五〇年間の時代は、カルパチア盆地の歴史が大きく動き、この地域を特徴づけるさまざまな要素が現れた時代だった。

政治枠組みの変化は一目瞭然である。ハンガリー王国は、一五二六年に南部ドナウ河畔のモハーチ近郊でオスマン朝軍に大敗を喫した。その後も王国は南部防衛線を建てなおすことができず、一五四一年には王都ブダを明け渡し、南部から中央部にかけての楔形の地域の占拠を許した。占拠された領域はオスマン朝の直轄領となり、かつてのハンガリーの行政組織に代わってオスマン朝の州(ベイレルベイ)や県(サンジャク)がおかれていった。また、この間に国内政治勢力も二分した。モハーチの戦いでヤギェウォ朝の国王ラヨシュ二世が敗死すると、後継問題をめぐり、ハプスブルク朝の国王を立てオスマン朝に対抗しようとする勢力とハンガリー自前の国王擁立を目論む勢力とがそれぞれ国王を選出し、一六世紀半ばの内戦期を経て西のハプスブルク・ハンガリー王国と東のトランシルヴァニア侯国という二つの国へと分裂した。両陣営はそれぞれ自らの中央行政機構と議会を備え、選挙により国王を選出する別々の国としての道を歩み始めたのである。こうして、一五世紀末に中欧の大国として栄えたハンガリー王国は、三つの政治体に分断された。一七世紀末にオスマン朝が撤退した後、これらの領域はハプスブルク君主国に統合されたが、トランシルヴァニア侯国は固有の国法と伝統を有する領域として、一九世紀後半から二〇世紀初頭の数十年間を除き、ハンガリー王国とは別の政治単位を形成することになる。

政治的変動の背後で経済や社会の枠組みもゆっくりと、しかし確実に変化していた。一般に中世後期のハンガリー社会は、人口規模や都市化の進展度等の点でドイツなど西欧社会に遅れをとりながらも、他の東中欧諸国と並んで西欧と類似した身分制の展開や都市・農民の成長を示していたとされる。この社会が西欧社会と異なる方向へ旋回したきっかけとされるのが、一五世紀末に始まったヨーロッパ規模での農産物価格の高騰であった。人口密度や都市人口比率が相対的に低かったハンガリーにとって、それは余剰農産物の輸出によってかつてない利益を得るチャンスを意味していた。こうした市場の動向に各社会層がそれぞれ対応を積み重ねるなかで、この地域固有の社会構造ができあがったとされるのである。一部の貴族と農民は、この状況を利用して経営拡大にのりだした。「再版農奴制」「農場領主制」といった用語で語られる領主の農業経営拡大の試みや、農民経営・流通の拠点としての市場町の著しい成長は、こうした市場の動向に対する各社会層の対応の帰結であった。しかしこうした動きは、長期的にみれば、領主制の根強い存続や工業化の遅れにつながり、西欧的な近代社会形成の阻害要因ともなったとされる。

この時代には大規模な人の移動もみられた。前世紀以来、バルカン半島におけるオスマン朝の伸張を受けて王国南部への南スラブ系住民の流入が活発となっていた。オスマン朝のハンガリー中央部占拠は、彼らをさらに北西部やトランシルヴァニアへと押しやることになった。また、古くからハンガリー中央部に所領を有した貴族も、その多くが領地を後にした。こうして移動した人々の一部は、国王や大貴族に仕えて国境防備などの任務にあたり、また一部は戦乱で荒廃した村に入植し、農業に従事していった。このような大規模な移動のほかにも、各地域内部ではより安全な場所を求めて小規模な村から城塞周辺の都市や市場町へと移住するという局地的な移動も頻繁にみられた。

さらにこの時代は政治、経済、社会の変動を背景に宗教改革思想が広まり、深く定着していった時代でもあった。ハンガリーでは、すでに一五二〇年代に王宮内や都市ドイツ系住民を中心にルターの教えが知られるようになり、一六世紀末には福音派や改革派、反三位一体派などがそれぞれの宗派を形成しつつあった。各宗派は、住民の母語の違いなどに影響されながらそれぞれの勢力範囲を固めていった。その結果、中世以来広まっていたカトリック教会と東方正教会に加え、ドイツ系都市住民や西スラブ系住民の間には福音派が、大平原やトランシルヴァニアの町・村のハンガリー系住民の間には改革派が浸透することになった。ハンガリーの宗教改革に特徴的な現象としては、こうした改革運動の影響が貴族や都市住民に止まらず、農村住民にまで広く浸透していった点を指摘することができる。とりわけ北東部からトランシルヴァニアにかけての一帯では、暴力を伴う対抗宗教改革の試みやカトリック優遇政策にもかかわらず、改革派が根強く生き残った。この地域の農村に足を踏み入れれば、今日なお多くの町の中心に風見鶏を配した改革派教会をみることができる。

こうした政治、経済、宗教上の諸要因は、相互に密接に絡み合いながらこの地域のその後の歴史に大きな影響を与えていった。このように一六、一七世紀がハンガリーの歴史にとって一つの転換期であったことは、後のハンガリーの歴史家や思想家の多くにも正しく認識されていた。この時代に自らが生きる社会の諸問題の根源を探索し、あるいはとり戻すべき伝統をみいだそうとした者は数多い。一六世紀に国民のパトリオティックな意識をみいだし、モハーチ敗戦の戦犯を民族を指導すべき貴族にみた作家ネメシュキュルティや農奴制の再強化にヨーロッパ的「自由」の発展の挫折をみた法・政治思想家ビボー、ロシアとも西欧とも異なる中東欧地域確立の端緒をさがし求めた歴史家スューチ、トランシルヴァニア宗教寛容の伝統に民族共存の夢を託した詩人イッエーシュらは、それぞれ一六、一七世紀に時代の転機をみていた。それらの議論は同時代の経験に基づいた強烈な問題意識のため人々を引きつける魅力を持っていたが、その問題意識にひきずられるあまり、時に単純化や細部の誇張、時代錯誤な解釈を含みがちとなったことも否定できない。歴史家の一部からはそうした歴史観に時折警鐘が鳴らされたが、とりわけ体制転換前後からは、新たな政治・社会情勢を背景に実証研究に基づきかつての一六、一七世紀像に大きく修正を迫る主張もなされつつある。本書では、それらの成果を踏まえつつ、できる限り史料に即しながら、このような変動の時代に人々がどのように眼前の変化をとらえ、新しい秩序を模索していたかという問題を考えてみたい。この作業を通じて、近代の政治枠組みや理念をあたりまえの前提とすることなく、ハンガリー近世社会像を描くための手がかりを模索していきたい。

目次

凡　例

一　文献・史料等の引用部分における（　）内は原文中の補足説明、〔　〕内は引用者の補足説明とする。
二　本文中でのハンガリー人名はハンガリー語の用法に従い、姓・名の順に表記する。
三　本文中での地名表記に関し、ハンガリー王国三分裂の時点でハンガリー王国に属していた地点にはハンガリー語名を用い、現在の地名と異なる場合には索引で現在名を併記する。
四　近現代ハンガリーの法令表記は、○○年法律○号とするのが慣例だが、本書が扱う時期にはひとまとまりの法案が議会開催時に一度に決定されるのが常であり、条文相互間の連関も強い。本書ではこの点を明確にするため、○○年法令○条と表記する。

図1　中世ハンガリー王国三分裂の状態(16世紀末)

図2　ハンガリー王国北東部(17世紀前半)

序章

一　研究動向と課題

貴族主体の東中欧社会像

ハンガリーやチェコ、スロヴァキア、ポーランド、ルーマニアなど、旧ソ連地域とドイツの間に位置し、かつて社会主義ブロックを構成した諸国は、「東中欧」として政治・経済のみならず学問領域をも区画するまとまりをなしている。この「東中欧」の歴史的展開において、一六世紀は最大の転換点のひとつとみなされてきた。この時代に東中欧地域が西欧的発展から乖離を始めたとする見方、あるいはこの時代にヨーロッパ東西の差異が構造化されたとする見方は、主に戦後の社会経済史研究の側から提示されてきた。(1) 一方、体制転換前後から十数年間の歴史研究では、一六世紀から一八世紀の東西ヨーロッパの政治的、文化的な共通性や密接な人的交流を再評価する動きが目立つようになっている。東中欧地域における国王・諸身分の二元主義国制の発展やその思想背景、ヨーロッパ規模での宗教改革者の交流や移動などは、体制転換前後からイギリスやドイツを中心とした共同研究により注目を集めるようになった研究主題といえる[2]。

このように、西欧との関係については、近年東西ヨーロッパの差異でなく、両者の共通性や交流を前面に出した研究が目立つようになっている。しかし、二つの動向の背後にはある一貫した見方も存在する。すなわち、社会経済史研究であれ国制・思想史研究であれ、この地域の貴族の思想や行動に焦点をあてながら地域の歴史的特色を明らかにしようとする点で、一致していたとみることができるのである。

そもそも東中欧各国の歴史研究では、二つの立場は整合的に理解されてきた。ポーランド王国、ハンガリー王国、チェコ王国の近世は、国制面における貴族身分を主体とした共和政的政体と、その社会経済的背景としての「再版農奴制 zweite Leibeigenschaft」に基づく「農場領主制 Gutsherrschaft」という二つの議論を軸に描かれてきたといえる。これらの国々では、一四世紀に国家創設以来の王家が相次いで断絶して選挙王制が定着するなかで、貴族層の政治的影響力が強まった。貴族は政治的、経済的権勢に応じて大貴族(高位貴族)と中小貴族(平貴族)に分かたれ、貴族内部の力関係や貴族と王権との関係は各国一様ではなかったが、貴族団体が統治能力を蓄え王権による過度の統合に一定の歯止めをかけるという国制発展はこれらの国々が共通して経験していた[3]。一六世紀から一八世紀にかけての時代は、貴族身分が王権に対して身分的自由を主張しつつ、軍事・財政等国政の根幹に関わる分野において積極的に王国統治に参与するという典型的な身分制的国制が発展した時代であり、なかでも一六世紀から一七世紀前半は貴族の共和政的政体が最もよく機能した時期とされている。これらの国々は、一七世紀末までにそれぞれ周辺強国の統治下におかれていくが、地域社会で貴族が地方行政の根幹を担う体制は、その後も一九世紀半ばまで存続した[4]。このような貴族支配を支えた基盤として、一六世紀に確立したいわゆる「再版農奴制」による貴族の農民支配と、これに基づく貴族の直営農場拡大が指摘されてきた[5]。これらの国の貴族層は折からの農産物市場の好況を受けて議会で農民の土地緊縛を合法化し、農民保有地の接収をすすめ、輸出税や輸出制限などを課していった。また、地域社会では他の貴族とも協力しつつ支配の安定化を図り、農民の労働力を用いた経営を拡大していった。このような農民支配の体制は一九世紀の農奴解放まで存続したとされる。

こうした二つの軸をもつ東中欧史の構図は、政治・経済に止まらず宗教や文化の領域にも投影されてきた。例えば、宗教改革とそれが引き起した社会変動の問題は、カルヴィニズムと企業家精神、あるいは民衆文化とエリート文化の対抗関係といった観点からではなく、もっぱらカトリック王権とプロテスタント貴族の「信教の自由」をめぐる闘争という観点から関心を集めてきたのである。[6] また、近年「宗派化 Konfessionalisierung」研究が提起している宗派教会を介した近代国家に適合的な臣民形成という問題も、この地域では、領主による信仰面での領民支配の貫徹如何という問いに読み替えられていったのだった。[7]

このような貴族層を国制・社会秩序の担い手として位置づける理解においては、近世ヨーロッパ東部の農民は、貴族支配に次第に従属していく被治者として扱われがちだった。とりわけハンガリーでは、近世農奴制研究が戦間期の「農村探索運動[8] falukutató mozgalom」と連動して展開したことも影響して、当時の農民の窮状が過去に投影されるという傾向がこうした受動的農民像を支えていた。[9] その結果、農民は家族ぐるみで領主の厳しい支配に服し、時として見込みのない叛乱に立ち上がる群集として描かれがちとなっていたのである。

近世東中欧農村社会の研究

しかしながら、体制転換前後から活況をみせている旧東独地域の領主制研究の影響を受け、近年チェコやポーランドでも農民の自律性をあらためて検証しようとする研究がみられ始めている。旧東独の研究者が牽引した近年の農村社会史研究については日本でもすでに詳細な紹介があるので、[10] ここでは近世東中欧の農村社会史研究に関するオギルヴィーの整理を参考にしながら、ハンガリーの研究状況に触れつつごく簡潔に目立った傾向を指摘しておくことにしたい。オギルヴィーはこれまでの研究傾向を三つに分類している。一つは領主支配を重視する傾向であり、二つは農村共同体に重点をおく傾向、三つは両者の折衷ともいうべき「二元主義的 dualistic」アプローチである。(11)

第一の、領主支配を重視して東中欧社会を理解しようとする研究は、先にみたようにエルベ河を境としたドイツ東部の土地・農業制度の型(農場領主制)の広がりを東中欧地域まで仮説的に設定し、そこに「再版農奴制」という用語に集約される、農民の法的、社会的地位をめぐる議論を接合することで独自の農村社会論を展開したものだった。(12)この見方はマルクス主義と自由主義史家の双方に広範な支持を得ることに成功し、教科書などにも広くとり入れられていった。ハンガリーでは、一九六〇年代を中心に「再版農奴制」をハンガリー史の展開のなかに位置づける試みが行われたが、(13)実証レベルでは早くから問題が認識されていた。その理由として、ハンガリーでは穀物輸出の伸びは緩慢であり、領主の直営農場経営による商品生産が大きな広がりをもたなかったこと、多数の農民がこの時代にも移転の自由を確保していたことなどがあった。こうしたなか、多くの研究者は「農場領主制」を重視する立場への表立った批判を避けながら農民の小経営やブドウ園経営などに重点をおいて、地代や流通をめぐる農民と領主とのせめぎあいを明らかにすることに努めたのであった。(14)このようにハンガリーでは「農場領主制」や「再版農奴制」への批判を回避するため領主制の検討自体が低調となるという状況がみられた。こうした傾向は近年ようやく変化をみせ始めており、農場領主制の存否とは別に、領民の保護者としての領主の役割の検討など領主支配の性格そのものをみなおす動きがみられるようになっている。

第二に、農村共同体についても、近年の諸研究は新たな展開をみせている。近世東西ヨーロッパの農村共同体については、かつてブレンナーが明快なテーゼを示していた。ブレンナーによれば、東中欧において近代への移行期に農奴制が強化された最大の要因は、人口学的なものでも流通上のものでもなく、なによりもこの地域の農村共同体の脆弱さに求められなければならないとされた。この見方は、「再版農奴制」論とも結びつき、とくに英米圏で一定の影響力をもってきた。これに対し、近年の研究では逆にこの地域の農村共同体の強力さを主張する動きが目立っている。周知のように、ドイツ語圏では、ブリックレの問題提起[15]に端を発して中近世の「平民の共同体」の歴史的意義が活発に議論されてきた。[16]そこでは、平等の原理に基づく平民の結合体＝「共同体」が地域社会やそれを超える国家生活において秩序形成的な役割を果しうる存在であったとする基本的視座のもと、中近世における都市・村落の役割についてさまざまな角度から検討が行われた。ブリックレ自身は東中欧に関してほとんど語ることがないが、こうした「平民の共同体」の役割・機能は、エルベ以東地域でも条件つきではあるが確認されている。[17]そこでは、この地域では領主は諸負担を課す権力者に違いはないが、領主の権力とは「地域生活に内在的役割を果さない天候」の如きものであり、日常生活ではるかに身近で重要な権力は農村共同体だったとする見方が示されている。こうした共同体を重視する議論では、極端な場合には、農奴制は重要な問題ですらなく東の農奴と西の自由農民に本質的な違いはないとさえ論じられている。[18]このような見方はチェコやシュレジェンなどの実証研究を通じて主張されているが、ハンガリーでは、イムレのトランシルヴァニア・セーケイ人村落研究[19]などを例外として、未だ本格的な近世農村共同体研究はみられない。ブリックレの共同体主義に関するグンストの否定的見解にみられるように、ハンガリーの農村共同体に西欧と対比しうる機能を求めることはできないとする見方は依然として根強い。[20]

一方、チェコなどでは共同体論の行きすぎを修正する形で、領主と共同体の結びつきを重視する第三の見方が現れている。そこでは、「農奴制」を効率的に機能させるためには強力な所領組織と強力な共同体がともに必要であり、領主は情報を収集し領民の生活を統制するため、強力な共同体を維持する必要があったと主張されている。この立場から近年精力的に研究成果を発表しているオギルヴィーは、こうした役割を果す農村共同体を、農奴と領主の双方に奉仕するという意味で「二元主義的」な制度であったとしている。この「二元主義的」という見方は、領主権の強化と活発な農村共同体の残存という現象の間に説得的な説明を与える可能性をもっており、今後活発な議論がなされていくものと考えられる。ただし、こうした「二元主義的」な見方に基づく農村社会史研究に難点がないわけではない。ここで指摘しておきたいのは、こうした見方が領主・農村共同体の関係を重視するため、所領を分析枠組みとし、所領を越えた地域社会の秩序問題への視点は弱いという点である。確かに、王権による集権化がすすまなかった東中欧地域において、所領は秩序維持のひとつの基盤となったと考えられるが、地域社会の秩序維持を考える際には、所領をとり巻く諸権力をも視野に入れ考察をすすめる必要があると思われるのである。例えば広域的治安維持や道路・橋などの整備、信仰生活の維持など、秩序維持に関連しては所領単位では完結しにくい問題も多く、今後は国家と所領の中間に位置する諸制度への目配りが不可欠となるであろう。

課題の設定

本書では、一六、一七世紀ハンガリーにおける農民の秩序意識や行動に焦点をあてながら地域の社会秩序のあり方について考察することを課題とする。研究動向から明らかなように、この課題の検討においては農村共同体を基盤とした農民の活動に着目することが有効だと考えられる。それによって、領主農民関係論では欠落しがちであった農民の多様な活動を視野に収めることが可能となるからである。また、その際には農村共同体以外に領主、教会といった地域の諸権力を秩序維持のアクターとして設定し、それらが農村共同体との間に形成していった関係に注目する。そうすることで、所領単位では語れない地域社会の諸問題をも検討対象に含めることが可能となると考えられるからである。

こうした視角のもとで本書が具体的な検討対象とするのは、信仰と治安という二つの領域である。一六、一七世紀のハンガリーでは、信仰生活と治安をいかに確保するかは社会の全階層にとり、他の時代に例をみないほど深刻な問題となっていた。宗教改革思想の浸透は、カトリックを奉じた王権と住民との関係のみでなく、国内の諸身分や地域の内部でかつて経験したことのなかった人間集団の分断をもたらし、それはしばしば対立の原因となっていた。確かに、ハンガリーではこの時期に国内を二分する宗教戦争は生じなかったが、宗教をめぐる紛争は日常的にみられた。また、治安に関しても、この時期にはそれまで噂としてささやかれるにすぎなかったオスマン朝軍や放浪傭兵の脅威が王国北部や西部の多くの地域の人々にも身近な恐怖として経験され、しかも住民を守るべき国や地方の防衛体制が不十分であることも日々明白となっていた。同時代の日記や木版画は、そうした掠奪行為や逃げ惑う人々を生々しく描いている。このような不安定な情勢のなか、地域社会において領主や教会などの聖俗諸権力は安定した秩序維持の枠組みを模索していった。さらに、住民自身も生存と生活維持をかけて、領主や教会とも共同して問題解決にあたらねばならなくなっていた。信仰生活と治安をいかに確保するかについては、一六、一七世紀のハンガリーにおいて王国議会から村集会のレベルまであらゆる場面で論じられていたのである。

以上のような視角と対象設定のもと、本書では、法と実態の両面から考察を進める。第一部では、ハンガリー王国 Magyar Királyság およびトランシルヴァニア侯国 Erdélyi Fejedelemség の全国議会と地方集会の諸法規をとりあげる。国王や貴族たちが信仰生活と治安維持の枠組みをめぐって対立や妥協を繰り返すなかで農村共同体をどのようにとらえ、位置づけようとしていたかを探ることが、ここでの課題となる。第二部では、政治集会の場から現実の農村社会に視点を移し、王国北東部のいくつかの事例をとりあげながら秩序維持の実態について検討する。ここで王国北東部を対象としたのは、この地域において農民の活動を明確に観察できると判断されたことによる。この判断の理由として、第一に、当地域において領主経営の拡大傾向がドナウ川西部地域のそれに比し緩慢で、農民経営が活力を保っていたことを挙げることができる。[21] とくに、丘陵地帯と平地が交わる地域では、ワイン生産が活況を示し、ブドウ園所有者は村や町とは別個に「丘陵共同体 hegyközség」を形成して、生産管理から生活秩序の維持にまであたったことが知られている。第二に、当地域をとり巻く政治情勢が挙げられる。この地域はハンガリー王国、オスマン朝、トランシルヴァニア侯国の境界地帯に位置したため領土変更を被ることが多く、戦乱や掠奪がとくに深刻な問題となっていた。このようななか、この地域の農民は自らの生命・財産を守るため集団的自衛活動を展開し、貴族も農民の武力をたのみにすることがあった。[22] 第三に、この地域は、トランシルヴァニア侯国の中心部などと並んで改革派が浸透し、一時的ではあるがピューリタン運動が展開した地域でもあった。ピューリタン運動は根づかなかったものの、ハンガリーにおいても改革派はカトリックと比べて信徒の意志決定を重視したことが指摘されている。このような地域の信仰生活や治安維持には、所領経営の分析などではとらえきれない農民と貴族、教会の関係が現れたと考えられる。以上の法制度と実態の分析を踏まえ、最終章では、近世ハンガリーにおける社会秩序のあり方をまとめ、あわせてその結論が東中欧社会の発展のなかで地域的、時代的にどのような広がりをもつかについて、若干の考察を加えることにしたい。

二　近世ハンガリーの領主・農民・牧師

本論の叙述に先立ち、本書の主要なアクターである領主と農民ならびに農村共同体、さらには牧師と諸教会について、本書における用語法も含めて簡潔に概観しておきたい。

領主／貴族

領主 földesúr という言葉は所領を有する貴族を一般的に指すことが多いが、そこには封建的土地所有権を有する教会や都市も含まれた。また、王領地では国王ないし王国財務局が領主権を行使した。一六世紀半ばの王国税 rovásadó, dicalis adó 台帳を整理・分析したマクシャイによれば、課税単位である門地 porta を一〇〇以上抱えた中規模以上の所領のうち約六八％が貴族に属し、その他約二二％が教会、約九％が直轄領、約一％が都市に属していた。(23) また、所領規模による分類では、門地の所有数が三〇〇以上の者が大領主(三八名)、一〇〇〜三〇〇門地の者が中領主(六三名)、それ以外の者が小領主に区分され、大領主が全ての門地の約四六％、富裕な中領主が約一四％、その他の中小領主が残りの約四〇％を所有していた。さらに地域的にみると、王国西部や北部の国境山岳地帯には複数の拠点を含んだ大規模所領が分布し、その内側の丘陵地帯には中小規模の所領が広がっていた。中央の平野部では、城や市場町などひとつの拠点をもった中小規模の所領が多いのが特徴であった。本書第二部で事例研究の対象としてとりあげる王国北東部は、ゼンプレーン州が北部に山岳地帯を抱えていたものの多くが丘陵と平野の接する地域であり、一〇〇門地以下の中小領主が五〇％以上を占める地帯であった。

教会や都市も含まれたとはいえ、領主の大部分は貴族であった。貴族は法観念上は単一にして同一 una eademque nobilitas と表現されたが、実際には所領規模のほか官職や家柄などによって大貴族 mágnás, arisztokrácia と平貴族 köznemes に分かれていた。貴族身分内の区分は中世以来存在したが、一六、一七世紀には両者はより截然と区別されるようになっていった。大貴族はもっぱらバーロー báró ないしグラーフ gráf という称号を有した家系から構成された。バーローは本来宮廷の高位官職を占め、貴族州軍とは独立した自前の軍団(旗軍)を保持した有力家系に与えられた称号だったが、一六、一七世紀にハプスブルク王家が軍団所有とは無関係に政策的に称号を与えたため、その数は増加していった。またとくに有力なバーロー家系のなかからは、グラーフの称号を獲得する者も増加した。これら称号を有する大貴族の数は、一七世紀半ばまでに六五名に達していた。一七世紀初頭に二院制議会の基礎が固まると、彼らは上院に集い、「世襲高位身分 örökös főrendiség」として他の貴族と明確に異なる身分団体を形成した。大貴族の一部は国王顧問団を構成して王国の主要官職を占め、また議会でも決定的指導力を示すようになっていったのだった。(24)

一方、平貴族は、中小領主から農民分与地に住む農民出身の貴族に至るまで、多様な集団からなっていた。その数は一六世紀後半から著しく増加し、「貴族のインフレ」と呼ばれる状況が生じていた。(25) 平貴族の上層は数百名の中領主から構成され、大貴族の家人《けにん》となることで地方行政・自治組織であった貴族州 nemes vármegye や軍の要職につく者が多かった。彼らの主要な政治的活動の舞台は貴族州だったが、この階層のなかから才能と機会に恵まれた者は、バーローの称号を獲得して大貴族の仲間入りを果すことも珍しくなかった。こうした上層の平貴族の下に、一村ないしそれ以下の小領地を有した貴族層が厚く堆積しており、さらに最下層に所領も領民ももたずに自ら農業に従事した、いわゆる分与地貴族 telkes nemes が存在した。この一分与地貴族のなかには、領主に納税義務を負わない貴族地 kuria を有したクリアリシュタ kurialista と、貴族特許状 litterae armales を獲得したが農民保有地に居住し続けたアルマリシュタ armalista がいた。分与地貴族の数は一六世紀の時点でおよそ七千家系あり、その数は一七世紀に入っても増加を続けたとされる。

このように身分的、社会的に区別される大貴族と平貴族の境界は、しばしば宗教や政治的立場の違いとしても現れた。一七世紀初頭から貴族のカトリックへの再改宗がすすむにつれ、大貴族と平貴族の宗派の違いが明確になった。召集状により個人的に議会に召集された大貴族の宗派帰属を分析したシマートによれば、一六〇一年時点ではその半数以上が新教諸派に属していたが、一六三七年にはカトリックの比率は七割以上に急速に増加した。これに対して、中小貴族は北東部とトランシルヴァニアでは圧倒的に改革派に、また西部ハンガリーでは福音派に留まる者が多く、カトリックへの改宗者はわずかであったという[26]。こうした状況のなかで、トランシルヴァニア侯や改革派の指導者たちがしばしばハプスブルク王権に対する解放戦争と「信教の自由」の問題を結びつけるよう試みたため、「プロテスタント＝平貴族＝反王権」と「カトリック＝大貴族＝親王権」という構図が折に触れ浮上することとなった。もちろん、王国西部の福音派平貴族がカトリックの大貴族と歩調を合わせたり、宗派を超えた反国王勢力が形成されることも多く、この構図は現実の政治決定に単純に反映されたわけではなかった。しかし、それは宗派分布地図とも絡み合い、国内諸地域の貴族集団の政治的意思決定のひとつの背景をなしていたことは確かである。

農民と農村共同体

次に農民についてみてみたい。中世史家のサボーは中近世の農民に関する用語を検討し、ハンガリーでは農民を指す言葉として iobagio, rusticus, villanus, subditus, colonus が、若干の意味内容の相違と時期的変化を伴いながら用いられていたことを指摘した[27]。このうち一六、一七世紀に最も広く用いられたのは iobagio と rusticus であったという。iobagio は、旧くは王国建国期に王城県の城臣や王宮の従者など国王直属の自由人を指す言葉として用いられていた。しかし、一三世紀の社会変動のなかで広く貴族に仕える人々を指す言葉に転用されるようになり、一三五一年法令において後者の意味で用いられたのを機に、その用法が確定していった[28]。iobagio には、領主権への臣従をメルクマールとして、上層は市場町の富裕住民 parasztpolgár から分与地保有農民 telkes jobbágy、さらに下層には分与地をもたず家と菜園のみを有した家もちジェレール házas zsellér, inquilinus と小屋住みジェレール házatlan zsellér, subinquilinus まで含まれた。つまり iobagio は貴族身分に臣属し、貴族身分から法的に区別された身分としての農民一般を指す語として用いられたのであり、これを本書では、農民身分と呼ぶことにする。また、一六世紀半ばからの王国法では colonus も iobagio と同様に、身分としての農民を指す用語として用いられた。[29] なお jobbágy は英語で serf、独語で Leibeigen と訳されることが多いが、本書では「農奴制 jobbágyság」など特定の専門用語の場合を除き「農奴」「体僕《たいぼく》」という訳語は用いない。

一方 rusticus は、iobagio と並列して記され完全に同一の内容を指す場合もあったが、より広く、農業に従事した人々一般を指す語として用いられる場合もあった。すなわち、rusticus には一方で農民身分をもたず領主農場で農作業に従事した農業下僕 cseléd, szolganép や日傭者 napszámos が含まれ、また他方で地区ごとに集団的特権を付与されたトランシルヴァニアのセーケイ人 székely やヤース人 jász、クマン人 kún、さらにはハイドゥー hajdú などの戦士農民 katonaparaszt が含まれることもあったのである。[30] このように、rusticus には法的身分に関わりなく生業として農業を行う人々を指す用法があり、本書ではそうした場合に農民身分と区別して、単に農民と表記することにする。そのほか、villanus は農民の居住形態である村から、また subditus は貴族への臣従という側面から、やはり農民を指す用語として貴族州条令などでしばしば用いられた。史料の文脈上特別な意味をもつと考えられた場合を除いて、これらについても農民と表記する。

さて、一六、一七世紀は農民身分の歴史のなかで、彼らがそれまで享受した移転の自由を失い、領主への従属を強めた時代として、「世襲農奴制 örökös jobbágyság」ないし「再版農奴制 második jobbágyság」「世襲土地緊縛制 örökös röghözkötöttség」の時代と呼ばれる。[31] ハンガリーの農民身分は、一三世紀に自由人や奴隷身分が融合することで「法的に均質な農民身分」として形成された。その特徴は、領主に臣従して農民保有地の世襲を認められ、移転等の自由をもつ点にあった。ところが一六世紀にはハンガリーでも近隣諸国と同様に農民の移転が禁止され、領主農場における賦役強化が試みられた。農民移転禁止の法制化の契機となったのが一五一四年のドージャ農民戦争であり、その鎮圧後に農民身分は「無条件かつ世襲の農民身分 mera et perpetua rusticitas」として移転自由に象徴された諸権利を失った。ただし、注意しておかなければならないのは、こうした移転禁止が厳格に守られたことはなかったことである。それどころか、法制面でも、すでに一五三〇年以後のいくつかの法令により農民移転が条件つきで認められ、一五五六年には農民移転問題を一五一四年以前の状態に戻すことが決定された。その後、一六〇八年法令では農民移転手続きが各貴族州に委ねられることとされたため、以後王国で農民の移転に関して単一の手続きについて語ることはできない。実際、一六、一七世紀のハンガリーでは移転の自由を享受する農民は相当の数に上ったと考えられている。(32)

移転の自由の有無の問題を別としても、この時代に貴族・農民間の身分的差異がそれまでに例をみないほど強調され、農民身分に対する各種の制約が加えられていったことは事実である。サボーによれば、それは、先にみた「単一にして同一の貴族身分」形成と表裏一体の現象であった。(33)一五世紀に平貴族が大貴族と同等の法的地位を有する身分として自らの立場を主張するため、貴族身分と区別される他者として領主権に服する農民身分を作り出す必要が生じたとされるのである。実際、この時代の多くの貴族州の条令は、農民の武器携帯を禁止し、農民が貴族州の集会を傍聴し、あるいは貴族州に訴訟をもちこむことを禁じ、喫煙や服装に規制を加えることで貴族と農民の身分的境界を可視化するよう試みた。(34)しかし、法規範史料に現れた農民身分の貴族身分への従属や不自由を過度に強調することに関しても、近年の諸研究は修正を迫っている。例えば、農民身分の社会的地位や生活についての再検討を精力的にすすめているペーテルは、一方で、中世史家のエンゲルなどによりながらハンガリーの領主農民関係が、国王や貴族が結んだ封建的主従契約に似た性格をもっていたことを指摘し、また他方で、結婚や家族構成、宗派選択の自由などを利用した農民の日常的戦略の実態をも明るみにだしている。(35)こうした研究によって、これまでのようにハンガリーの農民をなす術なく貴族に従属した存在として描くことはできなくなりつつある。

農民身分を中心に構成された農村共同体の主要な形態が村落 falu, villa と市場町 mezővâros, oppidum だった。自由人や奴隷身分が共住していた村落は、一三世紀頃に「法的に均質な農民身分」の共同体として姿を現した。その後人口増に伴って村の数も増加し、一五世紀末には村落の数は二万に達した。これらの村では村長 falusi bíró, judex が主宰した村落集会で共有地の利用や土地割替について裁定し、慣習法に基づく裁判が実施された。しかし、サボーは一九四八年に発表した論文において、一六、一七世紀に入るとこうした村落の自治は著しく衰退したと論じた。(36) このサボーの研究は今日に至るまで影響力を保っており、既述のイムレのトランシルヴァニアのセーケイ人村研究などわずかな例外を除いて、近世村落自治衰退説に明確に異を唱えた研究はみられない。

村落の衰退が説かれる一方で、市場町は、近世ハンガリーにおける固有の都市発展形態として、あるいは農民の活力を体現した存在として注目を集めてきた。市場町は都市と村落の中間的な定住形態であり、その多くは大所領内に位置して貢納を一括で金納化し、また領主から市場開設権を獲得するなどして商業や手工業の中心となっていた。その数は一四世紀末から急激に増加傾向をみせ、一五世紀末にはおよそ七〇〇から九〇〇を数えるまでになったとされている。近世に都市の発展が伸び悩むなかで、市場町網はますます広がりと密度を増していき、商業や手工業活動に止まらず、宗教改革運動や文芸活動の振興により文化的拠点ともなったとされてきたのである。(37)

しかしながら、このように村落と市場町の違いを強調することには問題もある。そもそも村落と市場町はいずれも領主権に服し、多かれ少なかれ領主の統制を受けていた。この点で両者は、貴族と同権を獲得し、農民身分としての負担を負わない市民身分から構成された自由王国都市 szabad királyi város とは法的に明確に分かたれた存在であった。これに対して、村落と市場町の法的境界は明確ではなく、諸法規ではこの二つが同一の範疇で語られることが多い。さらに、村落と市場町を峻別することは、人口規模や自治的活動領域の広さの点でも、必ずしも実態に即したものではない。史料中にopidumとして言及されるにもかかわらず、人口規模や自治の面で村となんら変わるところがないものも多くみられる。したがって、農村共同体の社会秩序維持の再検討を試みる本書では、村落と市場町をしばしば並列して扱っている。もちろん、市場町と数世帯の住民のみからなる村落を同一の地平で論じる際には多くの留保が必要である。市場町のなかには都市以上の人口を擁して活発な経済活動を行い、高級裁判権などの特権を有したものもあり、村落と明確に異なるものも存在したからである。したがって、本書で個々の市場町の事例をとりあげる場合には、そのつど規模や特権内容に触れることで、過度の一般化を避けるよう努めることにする。

牧師と諸教会

最後に宗教改革を経た諸教会と牧師の状況をみておきたい。ハンガリー王国では、一五一〇年代にすでにルターの書物がもちこまれていたことが確認されているが、王国分裂以前にはその支持者は宮廷に会した人文主義者やドイツ系住民の多かった北部・東部の都市に限られていた。この宗教改革の影響が、大貴族を始めとして中小貴族や都市、市場町、村落の住民に至る幅広い社会層に及ぶこととなるのは一五四〇年代以後のことである。これ以後一六世紀を通じて、かつてのハンガリー王国のほぼ全域で住民の改宗が進行し、一七世紀初頭には全人口の九割以上が新教諸派の信仰を奉ずるようになった。一七世紀初頭の教皇への覚書(著者不明)によれば、ハンガリー王国とトランシルヴァニア侯国、クロアチア、スラヴォニアを含めても、カトリックの聖職者や修道士はせいぜい三〇〇人程度であり、非カトリック教徒対カトリック教徒の住民比率は一〇〇〇対一だったという[38]。新教諸派が数的に圧倒的優位にあったことは、別の史料からも確認されている。修道院数の推移から一五七〇年代のカトリック教徒と聖職者の数を算定したペーテルは、カトリックの修道士と聖職者の合計が五〇〇人程となっており、その信者も三〇〇から三五〇の教区に一万五〇〇〇から二万人程を残すのみとなっていたとしている。[39]

このような宗教改革思想の浸透を背景に、それぞれの教会組織と教義・礼拝様式を整えた宗派教会が姿を現した。宗派形成の初期の状況については不明な点が多いが、教会史家のミクローシュは、中世末期にカトリック司教区下の司教補佐区 archidiaconatus や主席司祭区 decanatus のなかで形成された中・下級聖職者の兄弟団 fraternitas が宗教改革を経て諸宗派の主席牧師区の前身となったとの仮説を提示しており、現在のところこの説が最も有力である。[40] かつての聖職者の兄弟団は頻繁に宗教討論や教会会議を開き、近隣の兄弟団とも連携しながら次々にもたらされる改革思想に対する立場を定め、教会運営の方針を模索していった。その結果として、広域的な教会管区が形成されていったと考えられるのである。一六世紀半ばから一七世紀前半にかけて、ハンガリー王国では福音派 evangélikus と改革派 református が、またトランシルヴァニア侯国ではこの二派に加えてユニテリアン派 unitárius が、それぞれ宗派教会としての確立をみた。[41]

こうした動きに対し、一七世紀にはハンガリー王国を中心にカトリック側の改革と勢力回復が本格化した。もちろん一六世紀にもハプスブルク家の国王を中心に散発的にプロテスタント信仰を排除しようとする動きはみられたが、一七世紀にはそうした動きが貴族の支持を受けて効果的にすすめられるようになったのである。この一七世紀のカトリック宗教改革には、二つの局面があったとされる。[42] 第一は一六三〇年代から七〇年代にかけてであり、この時期にイエズス会やフランシスコ会など修道会の組織的拡大と教区司祭への教育の改善、また一七世紀初頭から急激に始まった大貴族の再改宗を背景として、「領主の布教的対抗宗教改革」が展開した。改宗した大貴族は必ずしも領民のプロテスタント信仰を禁止しなかったが、諸領内の一部教会にカトリックの修道士や司祭をおくことによって領民の改宗をうながした。第二の局面は一六七〇年代であった。これは王権主導の暴力的カトリック統一化政策がすすめられた時期であり、「プロテスタンティズムの喪の時代」と位置づけられる。この結果、一六八〇年頃までにおよそ九〇〇のプロテスタント教会がカトリックの手に渡ったとされる。それにもかかわらず、一七世紀末の時点のハンガリー王国では依然としてプロテスタント住民が多数派であり続けた。

教区司祭 plébános や牧師・説教師 pásztor, prédikátor は、一六、一七世紀の宗教的変動を末端で体現していた。ハンガリーでは複数の宗派が地域ごとに自生的に形成されたため、ドイツの領邦教会のように特定宗派が国家と結びついた国家教会となることはなかった。このため、各宗派の指導者たちは、宗派維持の支持基盤を領主権力や農村住民など地域住民にみいだす必要があった。彼らは、地域住民の意向を汲みとりながら牧師人事を始めとした新たな教会運営の舵とりをするという困難な課題を果さなければならなかったのである。その際に最も重視しなければならなかったのが、歴史的に形成された領主と領民の諸権利であった。

ハンガリーでは、宗教改革以前、聖職者人事に領主(＝教会保護者 kegyúr)と領民(＝教区民)が一定の意思を反映させる権利を有していた。中世の教会保護権 jus patronatus, Kegyúrijog に関するモノグラフを記したコラーニによれば、西欧で発展した教会保護権の制度は一二世紀頃にハンガリー王国に定着した。異教徒の多い王国内にキリスト教を普及させていく過程で、貴族や修道院等の聖俗の土地所有者が教会保護者として自らの負担で教会を設立・維持する制度は決定的に重要であった。しかし、教会保護者による聖職人事は、宗教改革前夜に至るまでカトリック教会にとり深刻な問題でもあった。というのも、ハンガリーでは教会保護者が自ら好む者を直接任命して聖職禄を授け、その後に教会に通知するという慣行が支配的であり続けたからである[43]。

こうした教会保護権は宗教改革以後にも存続した。セクフューや教会史家レーヴェースによれば、ハンガリーにおける宗教改革運動の急速な浸透は、教会保護権を有した大貴族の役割抜きには考えられなかった[44]。すなわち、ハンガリーの宗教改革は大貴族が教会保護権を楯に城館や領内の教区教会からカトリック司祭を追放し、プロテスタント諸派の牧師をおくことによって急速に進展したというのである。彼ら大貴族は新教諸派に財政的支援や物理的保護を与えたのみでなく、教会会議や宗教討論を主宰し、教義や儀式の確定にも影響力をもったという。

一方、教区民の権利も中世以来の起源をもっていた。中世ハンガリー王国では、都市共同体が都市内教区教会の司祭選出、教区財産管理、十分の一税管理などの問題に一定の裁量権をもった例が多く知られる。これら都市の諸権利は、従来、国王が付与した「都市特権」に由来するとみなされてきた。しかし、近年クビニィはそれが本来的には未開墾地や国境防備地への入植者集団に与えられた「ホスピス特権」に由来したこと、ゆえにこの権利は都市に固有のものではなく広く市場町や村にも確保されていた可能性が高いことを指摘した。さらに、一四世紀以降には、各領主が所領への入植者集団にこの権利を与えるケースが増加し、また入植者以外でも教会堂設立や司祭扶養への貢献度に応じて領民に一定の権利を与える事例さえ現れたという[45]。

宗教改革後の牧師の立場は、このような地域の権利関係の錯綜に大きく左右された。牧師はなによりもまず自らが属する管区の主席牧師に従わなければならなかった。主席牧師は命令にそむき、理由なく教会会議に欠席する牧師を免職することができた。しかし、その一方で、領主や農村共同体の影響力もまた、会衆による牧師選出と留任決定 papmarasztás として宗派教会の維持制度にくみこまれていった[46]。例えば、改革派のヴァーラド・デブレツェン教会規定（一五六二年）では「召命と選出はとりわけ聴衆、民衆自身に属する」とされ、またボルショド・ゲメル・キシュホント教会規定（一六世紀末）では留任に関して、牧師が「司牧活動の最後の月に聴衆から意見を求め〔…〕一週間交渉した後も将来の立場や残留について聴衆と同意をみなければ、牧師は主席牧師のもとへ行き他所へ移動する許可を得るよう」定められた。いったん職を得た者は期限内にその職を放棄することは許されず、定められた一〜二年の任期を満了した者や、なんらかの事情で任地を去らなければならない者は、主席牧師に報告する義務を負った。福音派も同様に、牧師の任免に関して会衆＝農村住民と教会保護者＝領主の役割を定めている。例えば、ゲメル教会規定（一六〇四年）では、牧師のいない教会は会衆が主席牧師と協議して牧師を招くことができるとされ、ノーグラード教会規定(一六〇九年)では、「牧師のいない聴衆が彼らの支配者や教会保護者に請い、職務を果すべき適当な牧師を要求するならば、彼ら自身が支配者とその教会保護権にあらかじめ諮って召命を実施するように」とされたのである。[47]

こうして新教諸派は牧師補充方法を確立する過程で、村落・市場町の司祭選出権と教会保護権という対立する要素をはらんだ権利を自らの組織運営原理にくみこんでいった。その矛盾が表面化するのは、「領主の布教的対抗宗教改革」が始まる一六二〇年以後のことである。もっとも、その後も教会保護者と教区共同体の宗派の相違が教会保護権を行使した改宗強制へと直結したわけではなかった。新教諸派が多数派を占めていた東部地区ではカトリックに転じた領主の対応は慎重であらざるをえなかった。また、典型的な改宗強制がみられたドナウ川西部でも、領主の送りこむ司祭に対して教区共同体が頑固に抵抗するケースが報告されている。[48] このような事例は、農村共同体の慣習的権利を基盤とした教区共同体の自立性を想定することによってのみ理解が可能であるように思われるのである。

(1) 近世東西ヨーロッパの構造的差異を論じた古典的作品として次を参照。I・ウォーラーステイン(川北稔訳)『近代世界システム――農業資本主義と「ヨーロッパ世界経済」の成立』岩波書店、一九八一年、Perry Anderson, *Lineages of the Absolutist State* (London, 1974); T. H. Aston, C. H. E. Philpin (eds.), *The Brenner Debate. Agrarian Class Structure and Economic Development in Pre-industrial Europe* (Cambridge UP, 1985)

(2) Joachim Bahlcke, Hans Jürgen Bömelburg, Norbert Kersken (eds.), *Ständefreiheit und Staatsgestaltung in Ostmitteleuropa. Übernationale Gemeinsamkeiten in der politischen Kultur vom 16–18. Jahrhundert* (Leipzig, 1996); Menna Prestwich (ed.), *International Calvinism, 1541-1715* (Oxford UP, 1985) など。邦語では、服部良久「中・近世の東中欧における国家と貴族――シュテンデと宗教的複合」『人文知の新たな総合に向けて』第二回報告書一〔歴史篇〕、二〇〇四年、三四三―三五六頁、

小倉欣一編『近世ヨーロッパの東と西——共和政の理念と現実』山川出版社、二〇〇四年など。

（3） Gottfried Schramm, Polen-Böhmen-Ungarn. Übernationale Gemeinsamkeiten in der politischen Kultur des späten Mittelalters und der frühen Neuzeit; Hans-Jürgen Bömelberg, 'Die Magnaten. Avangarde der Ständeverfassung order oligarchische Clique?' in Bahlcke, Bömelberg, Kersken (eds.), *Ständefreiheit und Staatsgestaltung*, 13-38, 119-133.

（4） Klaus Zernack, 'Staatsmacht und Ständefreiheit. Politik und Gesellschaft in der Geschichte des östlichen Mitteleuropa', in Hugo Weczerka (ed.), *Stände und Landesherrschaft in Ostmitteleuropa in der frühen Neuzeit* (Marburg, 1995), 1-10.

（5） この分野の研究については、本節後半部を参照。日本での動向紹介としては、一九七〇年代までの研究動向を整理した、南塚信吾「中・東欧における「農場領主制」の成立過程——研究史的覚え書き」『東欧経済史研究序説』多賀出版、一九八五年、二三〇—二五三頁、を参照。

（6） 例えば、イギリスとドイツで出版された二冊の論文集、Robert J. W. Evans, T. V. Thomas (eds.), *Crown, Church and Estates. Central European Politics in the Sixteenth and Seventeenth Centuries* (London, 1991); Joachim Bahlcke, Arno Strohmeyer (eds.), *Konfessionalisierung in Ostmitteleuropa. Wirkungen des religiösen Wandels im 16. und 17. Jahrhundert in Staat, Gesellschaft und Kultur* (Stuttgart, 1999) 所収の諸論文をみよ。またわが国では、ポーランドに関してこうした観点からの研究がある。小山哲「ワルシャワ連盟協約の成立——一六世紀のポーランドにおける宗教的寛容の法的基盤」『史林』第七三巻第五号、一九九〇年、七二二—七五七頁。ハンガリー史学界においても、おおむねこれと同様の傾向を確認することができる。ハンガリーでは宗教改革の影響を語る際に貴族身分、とりわけ大貴族の役割が重視されてきた。そこでは宗教改革の導入から宗派の形成に至る過程において大貴族が果した決定的役割が指摘され(János Horváth, *A reformáció jegyében. A Mohács utáni félszázad magyar irodalomtörténete* (Budapest, 1957))、再カトリック化を試みる王権に対する「信教の自由」を求める貴族の抵抗(Kálmán Benda, *Habsburg abszolutizmus és rendi ellenállás a 16-17. században* (Budapest, 1975))、その理念的背景としてのカルヴィニズムの抵抗権思想(Kálmán Benda, 'A kálvini tanok hatása a magyar rendi ellenállás ideológiájára', *Helikon* 17 (1971), 321-329; László Makkai, 'Nemesi köztársaság és kálvinista teokrácia a 16. századi Lengyelországban és Magyarországon', *RGy* 3 (1983), 17-29)、一七世紀前半に始まる大貴族の再カトリック化の動向(Peter George Schimert, *Péter Pázmány and the Reconstitution of the Catholic Aristocracy in Habsburg Hungary, 1600-1650*, Ph.D. Diss. in History (University of North Carolina, 1989))などが主要なテーマとしてとりあげられてきた。これに対して、宗教改革以後の農民と

宗教問題の関連についてはほとんど研究がみられず、わずかにピューリタニズムについての研究のなかで言及されるか（Graeme Murdock, *Calvinism on the Frontier. 1600–1660. International Calvinism and the Reformed Church in Hungary and Transylvania* (Oxford, 2000), 198–228）、市場町住民の宗教改革への親和性が注目された程度であった（Ferenc Szakály, *Mezőváros és reformáció. Tanulmányok a korai magyar polgárosodás kérdéséhez* (Budapest, 1995); István Rácz, *Protestáns patronátus. Debrecen város kegyúrasága* (Debrecen, 1997); Tibor Klaniczay, 'A magyar reformáció irodalma', in id., *Reneszánsz és barokk. Tanulmányok a régi magyar irodalomról* (Budapest, 1966, rpt. Szeged, 1997), 53–121）。

（7）Thomas Winkelbauer, 'Sozialdisziplinierung und Konfessionalisierung durch Grundherren in den österreichischen und böhmischen Ländern im 16. und 17. Jahrhundert', *Zeitschrift für historische Forschung* 19 (1992), 317–339; id., Grundherrschaft, Sozialdisziplinierung und Konfessionalisierung in Böhmen, Mähren und Österreich unter der Enns im 16. und 17. Jahrhundert, in Bahlcke, Strohmeyer (eds.), *Konfessionalisierung in Ostmitteleuropa*, 307–338.

（8）「農村探索運動」では民族の危機を救うものとして農民に期待がよせられたが、農民の窮状の原因として村落社会の桎梏や村落住民の受動性が指摘される傾向が強かった。南塚信吾『静かな革命――ハンガリーの農民と人民主義』東京大学出版会、一九八七年、三二一―八五頁。

（9）Katalin Péter, 'Jobbágycsaládok életvitelének különbözőségei az örökös jobbágyság korában, 16–17. század', *Sz* 134 (2000), 549–550.

（10）山崎彰『ドイツ近世的権力と土地貴族』未来社、二〇〇五年、二二一―二二七頁、加藤房雄『ドイツ都市近郊農村史研究――「都市史と農村史のあいだ」序説』広島大学経済研究双書一二、二〇〇五年、三一―三三、五八―八〇頁。

（11）Sheilagh Ogilvie, 'Communities and the "Second Serfdom" in Early Modern Bohemia', *Past & Present*, 187 (2005), 69–119. また、ハンガリーにおける研究事情にも言及したヴァーリの動向整理も有益である。András Vári, 'Kelet- és Nyugat-Európa agrártársadalmi dualizmusa. Tavalyi hó?', *Korall* 15–16 (2004), 117–144.

（12）南塚前掲「中・東欧における「農場領主制」の成立過程」二三〇―二五三頁。

（13）ハンガリーでは一九三〇年代に大所領の直営地経営についての研究がみられたが、一九六〇年代頃には「再版農奴制」をめぐる活発な議論にもかかわらず領主大農場に関する個別研究はほとんどみられなかった。Vári, 'Kelet- és Nyugat-Europa', 130–132.

(14) Katalin Péter, A mohácsi csatától a szatmári békéig (1526-1711)', *Sz* 114 (1980), 372. ハンガリーにおける「農場領主制」の展開への明示的な反論として、次を参照。Gábor Gyáni, 'Érvek az elkanyarodás elmélete ellen,' *Buksz* 3 (1991), 406-409.

(15) Peter Blickle, 'Kommunalismus, Parlamentarismus, Republikanismus', *Historische Zeitschrift* 242 (1986), 529-556(前間良爾訳「共同体主義、議会主義、共和主義──邦訳と解説」『九州情報大学研究論集』第二巻第一号、一三一─一五四頁)；ペーター・ブリックレ(服部良久訳)『ドイツの臣民──平民・共同体・国家　一三〇〇～一八〇〇年』ミネルヴァ書房、一九九〇年。

(16) 例えば、Peter Blickle (ed.), *Landgemeinde und Stadtgemeinde in Mitteleuropa. Ein struktureller Vergleich* (München, 1991)

(17) Hartmut Harnisch, 'Die Landgemeinde im ostelbischen Gebiet (mit Schwerpunkt Brandenburg)', in ibid., 309-332；ヴェルナー・レーゼナー(藤田幸一郎訳)『農民のヨーロッパ』平凡社、一九九五年、二一九─二三六頁。

(18) Ogilvie, 'Communities and the "Second Serfdom" in Early Modern Bohemia', 73-74.

(19) István Imreh, *A rendtartó székely falu. Faluközösségi határozatok a feudalizmus utolsó évszázadából* (Bucureşti, 1973); id., *A törvényhozó székely falu* (Bucureşti, 1983)

(20) Péter Gunst, 'Aspekte kommunaler Ordnung im mittelalterlichen Ungarn (bis 1848)', in id., *Agrarian Development and Social Change in Eastern Europe, 14th-19th Centuries* (Hampshire, 1996), chapter V.

(21) László Makkai (ed.), *Jobbágytelek és parasztgazdaság az örökös jobbágyság kialakulásának korszakában. Tanulmányok Zemplén megye XVI-XVII. századi agrártörténetéből* (Budapest, 1966)

(22) László Makkai, *A kurc nemzeti összefogás előzményei. Népi felkelések Felső-Magyarországon 1630-1632-ben* (Budapest, 1956)

(23) Ferenc Maksay (ed.), *Magyarország birtokviszonyai a 16. század közepén* (Budapest, 1990), 4-8. なお、この数字には王国税課税対象から外れたトランシルヴァニアと南部数州は含まれていない。

(24) Ibid., 31-35; Gábor Ágoston, Teréz Oborni, *A tizenhetedik század története* (Budapest, 2000), 166-172.

(25) Géza Pálffy, *A tizenhatodik század története* (Budapest, 2000), 152.

(26) Shimert, *Péter Pázmány and the Reconstitution of the Catholic Aristocracy,* 51-76, 92-107.

(27) István Szabó, 'Jobbágyság-parasztság. Terminológia, fogalom, társadalomszerkezet', in id., *Jobbágyok-parasztok. Értekezések a magyar parasztság történetéből* (Budapest, 1976), 31–49.

(28) 鈴木広和「ハンガリー王国の再編」『岩波講座世界歴史8　ヨーロッパの成長』岩波書店、一九九八年、七九—九九頁。

(29) 所領文書などでは zsellér と区別された分与地もち農民を指す言葉として colonus が用いられることも多い。

(30) ハイドゥーとは、牛の輸送や盗賊行為、私兵活動などを行った社会集団を指す。ハイドゥーは法的身分ではなく、ハイドゥーと呼ばれた人々のなかには牛飼いや逃亡農民、零落貴族など出自を異にする人々がいた。彼らは一六世紀末には内部に独自の指令系統をつくって軍事力としての重要性を帯びるようになり、ボチカイ解放戦争においては主要な戦力となった。ハイドゥーに関しては、次の研究が最もスタンダードなものである。István Rácz, *A hajdúk a XVII.században*(Debrecen, 1969). 邦語では、戸谷浩「ハイドゥー研究における「断絶」と「不整合」——近世ハンガリーにおける社会集団ハイドゥーへの〝定説〟を踏まえて」『史潮』新二九号、一九九一年、六一—七四頁。

(31) István Szabó, 'Az örökös röghözkötöttség rendszere', in idem *Tanulmányok a magyar parasztság történetéből* (Budapest, 1948), 67–158; Zsigmond Pál Pach (ed.), *Magyarország története.* vol.3. *1526–1686* (Budapest, 1985), 91–100, 331–337.

(32) その数は一七世紀初頭から増加を続け、オスマン朝撤退後の一八世紀には兵士や入植者を含みながらいっそう拡大していった。János Varga, *Jobbágyrendszer a magyarországi feudalizmus kései századaiban*, 1556–1767 (Budapest, 1969), 289–315.

(33) István Szabó, 'A nemesség és a parasztság osztályviszonyai a XVI–XVIII. századokban', in id., *Jobbágyok-parasztok*, 31–49.

(34) Szabó, 'Az örökös röghözkötöttség', in id., *Tanulmányok*, 109–118.

(35) Katalin Péter, 'Jobbágycsaládok életvitelének különbözőségei az örökös jobbágyság korában. 16–17. század', *Sz* 137 (2003), 549–578; eadem, *A reformáció. Kényszer vagy választás?* (Budapest, 2004)

(36) István Szabó, 'A parasztfalu önkormányzatának válsága az újkorban', in id., *Tanulmányok*, 265–310.

(37) 市場町研究の現状と課題については次を参照。Szakály, *Mezőváros és reformáció*, 13–21; Kubinyi András, 'Polgárság a mezővárosban a középkor és az újkor határán', *Buksz* 9–2 (1997), 186–190.

(38) Árpád Károlyi (ed.), *Monumenta comitialia regni hungariae. Magyar országgyűlési emlékek*. vol. 11 (Budapest, 1899), 230–231.

(39) Katalin Péter, 'A reformáció és a művelődés a 16.században', in Ágnes R. Várkonyi (ed.), *Magyarország története*, 506-509.

(40) Ödön Miklós, *A magyar protestáns egyházalkotmány kialakulása a reformáció századában* (Pápa, 1942)

(41) 福音派のモノグラフはまだないが改革派については次がある。Imre Révész, *Magyar református egyháztörténet 1. 1520 tájától 1608-ig* (Debrecen, 1938); Sándor Bíró, István Szilágyi (eds.), *A magyar református egyház története* (Sárospatak, 1949, rpt. 1995). ハンガリー王国の新教諸派の教会管区は次の通り。バーニャ管区、ビッチェ管区、ラーバ管区、自由王国都市管区(以上福音派)、ティサ川西部管区、ティサ川北部管区、シャマルヤ管区、ドナウ川西部管区、ドナウ川流域管区(以上改革派)。Kálmán Benda, 'A királyi Magyarország tiszti címtára. 1607-1608', *Levéltári közlemények* 43-2 (1972), 319-322.

(42) Katalin Péter, 'A jezsuiták működésének első szakasza Sárospatakon', in id., *Papok és nemesek. Magyar művelődéstörténeti tanulmányok a reformációval kezdődő másfél évszázadból* (Budapest, 1995), 186-199; id., 'Reformátusok és kétféle ellenreformáció', in id., *Sárospatak története 1526-1704* (手稿).

(43) Ferencz Kollányi, *A magán kegyúri jog hazánkban a középkorban* (Budapest, 1930), 教会保護権とそれを基盤とした教会運営は、私有教会制に代わるものとしてカトリック教会により導入され、中世ヨーロッパに広く普及した。私有教会主が土地所有権を根拠に自らの土地に建つ教会の動産・不動産を自由に処分し、聖職者の任命を行うという私有教会制に対し、カトリック教会側は私有教会主の権利を教会側が付与したものと位置づけ、教会法に基づく制度への読み替えを試みた。これにより、教会保護者は教会の建設と聖職禄の付与という行為への見返りとして聖職者の推挙権や財産の監督権、名誉権(教会堂内での特別の席の確保、ミサにおける教会保護者への言及、教会内への埋葬等)などを教会側から認められることになり、一方で教会建物の維持管理、聖職者の扶養の補助といった義務を負う者として教会法上の位置を与えられることになったのであった。シュトゥッツ・U(増淵静四郎・淵倫彦訳)『私有教会・教会法史』創文社、一九七二年。

(44) Bálint Hóman, Gyula Szekfű (eds.), *Magyar történet* (Budapest, 1935-36), vol. 3, 228-285; vol. 4, 92-141; Révész, *Magyar református egyháztörténet*, 55-59, 217-222.

(45) András Kubinyi, 'Plébánosválasztások és egyházközségi önkormányzat a középkori Magyarországon,' in id., *Főpapok, egyházi intézmények és vallásosság a középkori Magyarországon* (Budapest, 1999), 269-286. なお、国王が授与した「ホスピス特権」と司祭選出との関係については、すでにクルツェが指摘していた。Dietrich Kurze, *Pfarrerwahlen im Mittelalter* (Köln, 1966), 451-460.

(46) Ambrus Molnár, 'Lelkészhívás és marasztás a református egyházban. Papmarasztás az erdélyi és tiszántúli egyházkerületben a XVI-XIX. században', *ThSz* 39 (1996), 14-20.

(47) Áron Kiss (ed.), *A XVI.században tartott magyar református zsinatok végzései* (Budapest, 1881), 242, 727; Etele Thúry (ed.), 'Ág.hitv.ev.zsinatok a bécsi béke előtt', *MPEA* 2 (1901), 109-117, 178.

(48) István Fazekas, 'Dorfgemeinde und Glaubenswechsel in Ungarn im späten 16. und 17. Jahrhundert,' in Bahlcke, Strohmeyer (eds.), *Konfessionalisierung in Ostmitteleuropa*, 339-350.

第一部　秩序構想と村落・市場町

第一章　宗教秩序の構想(一)――ハンガリー王国

ハンガリー王国では一六世紀末までに住民の大多数が新教諸派の牧師を受け入れていた。しかし、その信仰は、カトリックの保護者を自認したハプスブルク家統治の下で法的に承認されないままであった。[1]この現実と法の乖離は、一六世紀を通じて王権とハンガリー諸身分の潜在的な紛争要因であったが、一七世紀初頭に王権側のカトリック巻返しの試みが本格化するに及んで緊急に解決されるべき問題として表面化した。本章では、ハンガリー王国で最初に「信教の自由」を定めた一六〇八年法令第一条をとりあげ、その制定過程における対立や交渉のなかで国王と諸身分がいかなる宗教的秩序を模索し、その構想において村落・市場町をどのように位置づけていたかについて、従来の研究を批判的に検討しながら考察する。[2]ハンガリー王国の「信教の自由」をめぐる論争や研究は、この法令をめぐって最も特徴的な形でなされてきたからである。以下では、まず法令の制定背景と内容を概観し、続いてこれに対する研究者の見解を検討する。そのうえで最後に、これに対する著者の解釈を示すことにしたい。

一　一六〇八年法令の制定

新教諸派の形成とその法的地位

中世ハンガリー王国の三分裂に伴う政治的混乱のなか、一五四〇年代から各地で宗教改革思想が急速に浸透した。これ以後、旧ハンガリー王国のほぼ全域で住民の改宗が進行し、一七世紀初頭には、全人口の九割以上が福音派か改革派の信仰を奉ずるようになった。福音派はドイツ系住民の多い北部の自由王国都市や鉱山都市、西部の大貴族の所領に広まっており、改革派は北東部の中小貴族や市場町の住民を中心により広範な地域に受け入れられた。これに対してカトリック教会は、法的・制度的には王国の唯一の宗教として存続していたが、事実上その活動は危機に瀕していた。一六世紀の末の時点で、カトリック教会が司牧活動を行っていたのは西部・北西部の一部地域のみだった(3)。

このような状況のなか、ハンガリー王国では一六世紀の前半に新教諸派の活動を禁じる法令が繰り返し制定されていた。まずヤギェウォ朝ラヨシュ二世(在位一五一六〜二六年)治下の一五二三年、福音派を禁止する最初の法令が制定された(4)。法令は「ルター派 lutheranus」(すなわち福音派)とその保護者を「異端 haereticus」として死罪に処し、財産を没収すべしとする厳しいものであった。同様の法令はサポヤイ家の統治下の一五二五年にも定められており、そこでも、聖職者か俗人かを問わず、異端者が発見されたら火刑に処すべしとする文言がみられた(5)。一五四〇年以後は、ハプスブルク家の国王のもとで王国議会が開催されたが、おそらくは議会内部に福音派の諸身分が一定の数を占めるようになった結果として(6)、これ以後福音派を名指しした法令はみられなくなった。しかし、議会で王国分裂前の法令が廃止されることはなく、かつての決定は有効性を保ち続けた。

一方、改革派についての最初の規定は一五四八年に現れている。[7]そこでは、以前の宗教的状況を立て直すために「異端」を撲滅すること、「再洗礼派 anabaptista」および「サクラメント派 sacramentarius」(すなわち改革派)を王国内のあらゆるところから追放すべきことが定められた。この一五四八年法令の内容は、その後一五五〇年(一二、一六条)、一五五二年(七条)、一五五四年(七条)、一五五六年(二五、二六条)、一五六三年(三一条)にも繰り返し確認されている。[8]

以上のように、現実の新教諸派の勢力拡大と組織としての確立にもかかわらず、一六世紀を通じて新教諸派は違法な存在に止まった。しかし、エステルゴム大司教オラー・ミクローシュによる対抗宗教改革の試みが部分的に成果を収めたものの、[9]フェルディナーンド一世(在位一五二六〜六四年)とミクシャ一世(在位一五六四〜七二年)の統治期に、国王が福音派と改革派を積極的に弾圧することはなかった。

一六〇八年法令の制定

一五七六年にルドルフ一世(在位一五七六〜一六〇八年)が国王として即位すると、こうした状況が一変した。国王側からは軍事力を用いた強硬な弾圧政策が開始され、これに抗議した諸身分が「信教の自由」を要求して蜂起するという事態に至ったのである。その結果、ハンガリー諸身分の優位のうちに和平条約が結ばれ、この和約を議会で立法化する形で「信教の自由」が法制化されることとなった。以下、この法制化までの経緯を簡単にたどっておくことにする。

一五九一年、長らく休戦状態にあったオスマン朝との戦いが再開され、ハンガリー王国内に国王直属の軍隊が多く駐屯するようになると、その軍事力を背景に国王側からの新教諸派への弾圧が始まった。こうしたルドルフの行動は、彼が強硬にすすめた所領回収政策と相まって貴族と都市の不満を募らせることとなった。その不満は一六〇四年の一連の事件を経て頂点に達した。

一六〇四年一月六日、北部ハンガリー総司令官ジャコモ・バルビアーノは、国王の指令により配下のワロン人傭兵とともに北東部最大の都市カッシャに入り、市の中心に位置し、福音派が使用していた聖エルジェーベト教会を占拠した。同年三月にポジョニ市で開かれた王国議会では、開会直後にこの教会堂占拠事件に対して抗議の文書が提出された。このとき国王ルドルフの代理として出席していた弟のオーストリア大公マティアスが、宗教問題の解決について国王に働きかけることを約束したため、議会は租税と軍役についての審議のみを行い、散会した。

ところが、福音派の北部諸都市へのさらなる介入を企てていた国王ルドルフは、予期される議会の抗議を封じるため、一六〇四年議会の決定を尚書局で法文としてまとめさせる際、末尾にまったく新しい一つの条文を追加したうえで公布した。この追加された一六〇四年法令第二二条[10]は、次のような内容のものであった。まず、先の議会で「多数派と称する者たち」が「彼らの宗教への侵害、教会堂と財産の剝奪、司祭と説教師の追放について」不平を述べ立てた文書を提出したことを確認し、国王はなんら不平をいい立てられる行為を行った記憶はないとの立場が表明された。続いて、このような立場のうえに、国王の明確な意図が次のような既決事項として述べられた。すなわち、国王はこれまでのハンガリー王の例に倣ってカトリックの繁栄と「誤った教え」の根絶に努めること、これまでハンガリー王により決定された全ての法令と勅令が今後も有効であること、今後議会で宗教問題をもち出す者は即座に罰せられること、以上の諸点が述べられたのである。

北部の諸都市とこれを支持した貴族たちはこうした国王の対応に抗議し、バルビアーノの攻撃に抵抗していた東部の大貴族、ボチカイを指導者に立てて蜂起した。いわゆる「ボチカイ解放戦争」の開始である[11]。ボチカイの軍事的成功と戦線の拡大に直面し、ルドルフはすでに一六〇五年末に和平を模索し始めた。カッシャおよびウィーンにおける数度にわたる交渉の末、一六〇六年六月に和約草案が成立し、草案はボチカイとルドルフにより調印された(ウィーン和約、以下『和約』と表記)[12]。その冒頭第一条で、「信教の自由」が謳われたのである。その後、チェコやモラヴィア、ハンガリーの諸身分と結んだ弟のマティアスの威嚇によりルドルフが退位を余儀なくされると、一六〇八年一一月にはポジョニ市においてオーストリア大公マティアスがハンガリー王マーチャーシュ二世(在位一六〇八〜一九年)として戴冠した。同市で開催された王国議会において、諸身分は二度に分けて要求書を提出し、これをもとに「戴冠前法令」(全二三条、以下『法令』と表記)と「戴冠後法令」(全二七条)が制定された。合わせて五〇条からなる一六〇八年法令[13]は、その後約一世紀間の国制の基本的枠組みを定めたものと位置づけられている[14]。「信教の自由」は『法令』の第一条で定められた。

『和約』と『法令』の内容

『法令』第一条は内容からみて明らかに『和約』第一条をもとに作成されたものだが、そこには一見して明白な相違点が存在する。以下この二つの条文を訳出し、両者を比較しながら内容を確認しておくことにする。

・『和約』第一条

第一条　宗教の問題に関しては、かつての時代の要請に応じた公の諸決定や一六〇四年法令の最後の条項(この条項は議会の外で王国住民の同意なしに付加されたものであり、それゆえに削除される)が効力を失っているので、次のごとく決定した。神聖なる皇帝にして国王陛下の先の決定――これには王国住民が返書において応答した――に従い、〔国王陛下は〕ハンガリー王国内に居住する全てのそして個々の諸身分を、すなわちマグナートと平貴族ならびに自由都市と、王冠に直属する特権的な市場町を、さらにはハンガリーの国境守備城においてはハンガリーの兵士を、彼らの宗教と宗派においていかなる場所でも決して混乱させることはなく、また他の者によって混乱させられ阻まれることをも許さない。そうではなくむしろ、上記の諸身分には自らの礼拝の自由な利用と実施が許される。しかし〔その礼拝は〕ローマ・カトリックの宗教への侵害なく〔行われなければならず〕」、ローマ・カトリックの司祭、教会堂、教会会衆は手をつけられずに自由に残される。またこの混乱した時代に双方が占拠したものはもとの所有者に返還される。(15)

・『法令』第一条

第一条　宗教問題について

高貴なるハンガリー王国の諸身分はウィーン決議の第一条に関して、次のように決定した。

第一項　礼拝の実施はバーロー、マグナートと平貴族にとり、また同じく自由都市と王国の全ての身分にとり、自らの所領と王国の所領において〔自由となるように〕。さらに、ハンガリーの兵士にも王国の国境守備城において各々自らの宗教と信条に応じて〔礼拝の実施が自由となるように〕。また、自発的かつ強制されることなく受け容れることを望むならば市場町と村落にとっても同様に、〔礼拝の実施が〕あらゆるところで自由となるように。そして何人《なんぴと》もその〔礼拝の〕自由な利用と実施において何人をも妨げることのないように。

第二項　諸身分間で起こりうる敵意と争いの回避のため、次のように決定する。すなわち各々の宗派が自らの信仰を奉ずる上位の者あるいは監督職をもつように(16)と。

『法令』第一条は『和約』第一条をもとに作成されたものであり、この二つは内容上のみでなく表現のうえでも似通っている。二つの条文の中心的な内容は、「全ての身分」がそれぞれの信条に応じて礼拝を行うことができ、誰もこれを妨げることはできないという点にあるといえる。これについて『和約』と『法令』は、自由を享受することのできる身分と場所を具体的に列挙している。また、宗派名が明記されていない点、適用についての言及がない点など、具体性に欠けるという面でも両者は共通した特徴をもっている。もっとも、ここで念頭におかれていた宗派が福音派と改革派であったことについては、法令制定に関与した者たちの間に共通認識があったと考えられる。というのも、『和約』と『法令』の制定過程で作成された諸文書ではたびたびこの二宗派の名指しでの承認が問題となっているからである。したがって、問題となっていたのは宗派名を明記するか否かであり、宗派の範囲ではなかったと考えられる(17)。

一方、『和約』第一条と『法令』第一条の相違点としては、第一に、前者が講和条約としての性格上、戦争の直接の原因となった一六〇四年法令第二二条やそれ以前の法令の撤廃について述べている点、また明らかに国王の介入を念頭においたものである点を指摘することができる。第二に、『法令』第一条には『和約』第一条にみられたカトリック教会への特別の配慮はみられず、代わって新教諸派の監督を設置することが認められていることが確認される。第三に、自由を享受しうる身分や場所の列挙についての表現上の違いが目をひく。とくに注目されるのは『法令』第一条における「村落」への言及である。『和約』第一条では、貴族と都市、「王冠に直属する」市場町のみが挙げられているのに対し、『法令』第一条では「自発的かつ強制されることなく受け容れる」ことを条件に「村落」にも自由が認められている。また、「市場町」に関しては「王冠に直属する特権的な」という限定的な修飾句がみられなくなっている。条文においてさしあたり注目されることは以上である。

二　『和約』と『法令』の解釈

一六〇八年法令第一条についてのこれまでの研究は、信仰選択権が農民身分にあったか否かに関心を集中させてきた。このため、それらは、法文中にみられる「村落」という言葉の理解に焦点を定めて議論を展開した。以下では、まずこれらの研究を史料的根拠にあたりつつ検討し、そうしたアプローチの特色を明らかにしておく。

セクフュー・Gyとサボー・Iの解釈

法令における「村落」という言葉を農民身分の信仰選択権の問題として扱った最初の研究者はおそらくセクフューである[18]。彼は『和約』第一条と『法令』第一条を比較し、両者において「信教の自由」を享受しうる主体が違うことを強調する。これについての彼の説明をみてみよう。

先に確認したように、『和約』第一条の当該部分には「マグナートと平貴族ならびに自由都市と、王冠に直属する特権的な市場町を、さらにはハンガリーの国境守備城においてはハンガリーの兵士を」と列挙されており、「村落」への言及はない。セクフューはこれを次のように説明する。『和約』第一条は王権が貴族や都市の宗教問題に介入する可能性を厳しく排除するとともに、領主に領民の宗派を決定する権利を与え、あるいはそれまで通りに温存した。『和約』第一条は誰が「村落」の宗派を決定するのかを明確にしてはいないが、領主が村落住民の宗派を決定することは当時領主が行使していた教会保護権を考慮すれば自明であった。これに対して、『法令』第一条は「村落」という言葉の挿入により、領主の教会保護権という身分制の束縛を破って「村落」住民たる農民身分にも「信教の自由」を認めたものとなったという[19]。

このように、セクフューによれば『和約』第一条と『法令』第一条の間には根本的な違いが存在していた。では、このような変更が加えられた原因はどこに求められるのであろうか。この問いに対し、セクフューは変更の最大の要因を、ボチカイ解放戦争下に召集された数回の議会(いわゆる「ボチカイ議会」)におけるハイドゥーと改革派説教師の影響力の大きさに求めた。[20] ハイドゥーは牛飼いや逃亡農民、零落貴族などを出自とし、牛の輸送や盗賊行為、私兵活動を生業とした社会集団であったが解放戦争ではボチカイの主要な戦力として活躍した。セクフューは彼らハイドゥーが和平成立の条件として戦争後に貴族所領に定住した場合にも自らの信仰を守る自由を求めていたとした。また、蜂起を鼓舞する役割を果した改革派説教師も、カトリック領主下の「村落」において自由に司牧活動を行いうる自由を要求していたという。セクフューは和約成立直後の議会において『和約』第一条への不満を表明し、「村落」という言葉の挿入を要求したのは、まさに彼らであったと論じたのである。

こうしたセクフューの考え方は、その後サボーに受け継がれ、補強された。サボーは、一九四八年に公刊した著作の第五論文「農民身分の宗教問題」で一六〇八年法令を大きくとりあげ、同法令についてセクフューとほぼ同様の見解を示した。[21] 彼の主張は次のようである。『和約』第一条は領主が農民の信仰を決定する権利について明確に述べてはいないが、ハンガリー身分制の歴史的性格を前提とすれば、領主の信仰の自由が領民の改宗権を含むことは明らかであった。これに対して、『法令』第一条は領主所領の市場町と「村落」に、すなわち「農民という立場にあり領主の束縛の下に暮らす社会階級」にまで広く自由を認めたものだった。このように、サボーも『和約』第一条と『法令』第一条を比較して後者には大きな変更が加えられたと考えており、結果的に『法令』第一条は相容れないはずの領主と領民の信仰選択権をともに認めるという矛盾をはらむものとなったと論じた。しかしながら、こうした矛盾は、領主・領民の圧倒的大部分が新教諸派に改宗していた一七世紀初頭では表面化しなかったという。[22]

このような矛盾をはらんだ「村落」という言葉が挿入された要因として、サボーはセクフューと同様にハイドゥーと改革派説教師の役割を重視する。ただしサボーはそうした要求が議会で諸身分に受け容れられた理由にも注意を払っている。彼の説明によれば、新教諸派の諸身分が彼らの要求をとり入れたのは、「村落」という語を挿入することによって国王とカトリック高位聖職者の支配下の住民をも新教諸派の陣営にひき込む可能性が開かれると考えたためであった。当時圧倒的に優勢であった新教諸派の諸身分が「村落」の挿入に同意したとき、彼らの念頭にあったのはカトリックの領主下の村落住民であり、そこでは自らの所領内の住民は想定されていなかったというのである。(23)

以上に要約したように、セクフューとサボーは『和約』と『法令』の差異を重視し、後者が慣習法としての「教会保護権」に反する形で領主所領の「市場町」や「村落」に自由を認めたと考えた。しかし、以上のような彼らの主張は必ずしも確固とした史料的根拠をもつわけではない。「村落」の挿入に関する二人の見解は、以下の三つの史料に基づいている。そのうちの二つは、一六〇六年八月と一二月にカッシャで開かれた議会の決議であり、『和約』第一条に関して次のような変更を要請している。

「皇帝にして国王である陛下がハンガリー王国の諸身分に信教の自由を与えた第一条では、個別の王国諸身分の列挙に平民身分の人々(24) plebei ordinis homines が省略されているので、王国住民はここに村落という語が付加されることを要望する」。

「礼拝の実施が村落においても他の地と同様になされうるよう、村落という語が付加されるべきである(25)」。

いま一つは、恐らくこれらの決定を受けて一六〇八年議会で提出された国王への請願書であり、そこにも「村落」の挿入についての要求がみられる。[26]

これら三つの議会の決定や請願書は、確かに『法令』第一条における「村落」という言葉の挿入が意識的に行われたことを示す貴重な史料である。ただし、残念ながらこの三つの議会のいずれについても「村落」の挿入が決定されるまでの議論の様子は知られていない。したがって、『和約』第一条が領主の権利を温存したとする見方やハイドゥーと説教師が「村落」という言葉の挿入を要求したとする見方は、直接の史料的根拠をもたない仮説であることがわかる。ハイドゥーや説教師については、それら三つの議会に参加していたかどうかについてすら確認できないのである。[27] このような史料的根拠の薄弱さをつき、新しい解釈を試みたのがペーテル・カタリンである。

ペーテル・Kの解釈

ペーテルが一九七七年に発表した論文[28]は、それまで広く受け容れられていたセクフュー=サボー説を批判し、その後現在に至るまでの通説的見解となっている重要な研究である。彼女は『和約』と『法令』の背後に一貫した意図の存在を指摘した。その意図とは、農民身分の宗教問題に関して「支配階級(すなわち領主階級)が中央権力(すなわち国王)のあらゆる介入を強固に排除し」、自らの決定権を確保するというものであった。[29] このように法令制定者の意図を理解するとき、『法令』第一条は、農民身分の移転問題について定めた『法令』第一三条と一対をなす農民関連の身分規定としての性格をもつものと理解できるという。

まずペーテルによる『和約』第一条の解釈からみていこう。『和約』第一条の理解については、ペーテルもセクフューやサボーとほぼ同様の見解をとっている。すなわち彼女も『和約』第一条の意図が「教会保護権」を自明の前提とした領主の信仰選択権の確保にあったとみているのである。ただし、彼女の解釈は和約作成過程の各草案を丹念に分析した結果得られたものであり、彼らに比べてより厳密である。

ウィーンにおける交渉過程でたびたび作成された『和約』草案を比較すると、次の三点が明らかとなる。[30] 第一に、国王側が最初に作成した草案ではそもそも身分を列挙した箇所はなく、単に「すべての身分」という表現がとられていたにすぎなかったこと。第二に、これに対して議会代表のイッレーシュハージ[31]は二度にわたって身分の列挙を試み、この結果、「マグナートと平貴族ならびに自由都市と、特権的な市場町を、さらにはハンガリーの国境守備城においてはハンガリーの兵士を」という具体的な表現が条文中に盛りこまれることになったこと。第三にこれに続いて国王側が「特権的な市場町」という言葉の前に「王冠に直属する」という修飾句をつけ加えたこと、以上である。

ペーテルはこれらの事実を、イッレーシュハージが意図的に領主所領の農民身分を法令の適用範囲から除外しようとした証拠としている。また、セクフューやサボーが、『和約』第一条がハイドゥーや説教師の影響力の強い「ボチカイ議会」の要求に沿ったものではなかったとするのに対し、ペーテルはイッレーシュハージの意図を「ボチカイ議会」の要求と完全に一致したものであると主張する。その根拠として、彼女は以前に「ボチカイ議会」が決定した次のような要求書の表現との類似を指摘している。

「…この国の全ての場所で、また自由で城壁を備えた都市、王冠に属する市場町で、全ての自由で同意を得た宗派［の礼拝］を現行の慣行に従って確実に実施するように…」。[32]

「ボチカイ議会」はそもそも農民身分に「信教の自由」を与えることを意図していたのではなく、もっぱら国王の介入が見込まれた地域に関してその不介入の意図を明文化するよう要求しただけであった。この点において

「ボチカイ議会」とイッレーシュハージら代表団の意図にずれはなかったというのである。

それでは、このように「ボチカイ議会」と議会代表団の見解が一致していたのならば、なぜ二年後に制定された『法令』第一条に「村落」という言葉が挿入されたのか。この『法令』解釈に関する問題に答えるために、ペーテルは「村落」という言葉がすでに交渉の初期段階でボチカイが作成した文書に現れていたことに着目した。ボチカイの要求書には次のような表現がみられる。

「…この国のあらゆる身分の間でルター派〔すなわち福音派〕とヘルヴェティア派〔すなわち改革派〕、ローマの宗教〔を信仰すること〕が、〔その宗派に〕止まりたいと望む者にとって自由であるように。宗派に応じて自由に説教を聞くこと、説教師を維持することは、全国の城壁を備えた都市と市場町、城塞、村落において各々の自由裁量に委ねられるように。一方、こうして要求された信教の自由が掘り崩されることなく維持されるよう、陛下は「ルター派は火刑に付されるべし」という時代遅れの法条項と、かつてポジョニ〔議会〕の最終決定に王国〔住民〕の認知と同意なしに付加された最終条項をともに消去し、削除するように…」[33]。

ここでは、福音派と改革派に関して都市と市場町、城塞とともに村落においても礼拝を実施する自由が述べられている。ペーテルはこれを次のように説明する。この文書の作成にあたってボチカイの念頭にあったのは一五二五年法令第四条と一六〇四年法令第二二条であった。それらの法令では、身分や場所の区別なく新教諸派を奉ずることが厳重に禁止されていた。ボチカイの要求が全ての身分、全ての場所に「信教の自由」を求めたのは、これらの法令を想定していたからであった[34]。すなわち、ボチカイ議会が求めていた「信教の自由」とは、誰でもどこでも新教諸派を奉じることができるという自由であり、誰もが自由意志に基づき新教諸派やカトリックを選択できるという自由ではなかった。

このようにボチカイの要求書を理解すれば、『法令』作成時における「村落」挿入要求は、次のように説明できるという。すなわち、イッレーシュハージは領主の教会保護権を念頭に領主下の市場町・村落への言及は不必要と考えたが、議会参加者の多くはこの省略に不安を感じたため、改めて「村落」という語の挿入を求めたのだと。(35)

以上のように推論したうえで、ペーテルは『法令』第一条と同じ議会で制定された「裁冠後法令」第一三条とが一対のものであったと主張した。第一三条は農民の移転許可権を国王や議会でなく各貴族州の専決事項とすることで貴族の農民身分に対する人身支配権を明文化したものであったが、これと同様に、『法令』第一条は信仰領域での諸身分の自由を謳っており、結果的に農民身分に対する精神的支配権を基礎づけるものであったと論じたのである。

三　『法令』制定者の意図

次に、これらの研究がもつ問題点を二点指摘して、筆者の解釈を示してみたい。第一点目は『法令』制定目的に関する重点のおき方の問題である。従来の説は、『法令』第一条の主眼が農民身分の扱いにあったかのような見方をしていた。こうした見方はペーテルに至って決定的となったのだが、彼女の見解はやや行きすぎだと思われる。『法令』制定過程を概観すれば、『法令』制定者の主たる関心が農民ではなく自由王国都市の扱いにあったことは明らかだからである。以下、まずこの点を確認しておきたい。

すでにみたように、ボチカイ解放戦争の直接の原因となったのはカッシャ市の教会堂占拠とこれを発端とした一六〇四年議会決議の改竄（議会決議への第二二条の事後的追加）の問題であった。この問題をめぐる議論において、国王側は自由王国都市を国王の家産とみなす考え方を打ち出し、都市の宗教問題に関する決定権を主張した。これに対して、都市と貴族たちは都市の自由を主張するため「王冠の理念」によりつつ自らの立場を示し、真っ向から対立したのである。こうした国王と諸身分の見解の相違が最もはっきりと現れたのが、一六〇六年九月に北部諸州の代表者を召集したガールセーチ地区議会での応答であった。

ハンガリー北部軍事総司令ジャコモ・バルビアーノの召集によりガールセーチに集結したハンガリー北部・北東部の貴族と都市の代表は、オスマン軍との戦闘に備えた牛馬と食糧の供出問題について議論した後、宗教問題をも俎上に載せた。彼らは、バルビアーノと配下のワロン人兵が自由王国都市カッシャなどの「国王陛下の忠実な臣下」の財産と特権を侵したこと、それのみでなくまた、先頃の議会で不当に挿入された第二二条によりつつ、宗教上の権利をも侵して説教師の活動を妨げていることを確認し、これに抗議する決定を下した(36)。この決定はただちに三名の使節によりバルビアーノに届けられたが、この使節とバルビアーノの討議のなかで両者の見解の相違が明確な形をとって現れた。この使節の報告(37)によれば、宗教問題の決定に関してバルビアーノは自らが君主の命令に従って行動する臣下でしかないこと、被害に遭った者は反抗者や不服従者であり反逆罪に値する者であったことを述べた後、次のように反問した。

「〔国王〕陛下は自らの農民身分〔の扱い〕に関して自由ではないのか。陛下にはその所領に自らが望む聖職者をおく権利がないのか。汝らのうち都市や村落を所有する者はその所領において自らが望むように行動するのではないのか。汝らの農民身分は汝らの行いに異議を唱えるというのか」。

これに対し、使節は次のように答えたという。

「農民身分と自由都市の間には相違がある。彼ら〔農民身分〕はわれらにとり実際に農民身分であり、われらの所有物であるが…〔自由都市は〕われら支配者たちと同等の自由をもつゆえに自由都市と呼ばれるのであり、その自由は同じものである。〔自由都市は〕国王の私有財産でなく王冠の財産である。それらは王国の柱であり王国の成員なのである(38)」。

バルビアーノが自由王国都市を国王の所有物と前提したうえでこれに関する自由裁量を主張したのに対し、ハンガリー側の使節は「王冠の理念」に基づきその不当性を訴えたのである。この時期、「王冠」という言葉は国王側によっても用いられていたが、「王冠」を国王から分離した「国家」の象徴とし、「王冠」の所領＝「国家」の所領とみなす伝統的見解は「王冠」を王権の象徴とする国王側の見解と相容れなかった。ここでの対立は、両者の「王冠」理解の相違という形をとって現れたのである(39)。なお、前記のやりとりにおいて両者はともに「農民身分」を引合いに出しており、「農民身分」に自由がないことは議論の前提となっているようにみえる。この点は第二の問題点と絡んでいると思われるのでここでは詳述せず、その問題が議論の主題ではなかったことのみを確認しておくことにする。その後、解放戦争が拡大するに伴い、自由王国都市の処遇をめぐる問題は「王冠に直属する」地域全体をめぐる問題へと発展するが(40)、ここにみた基本的な対立の構図は変化していない。『和約』作成時に「王冠に直属する」という言葉が別途挿入されたのは、この点に関して両者が合意に至ったことを示すものだと考えることができる。

第二点目は「村落」と農民身分の理解に関するものである。まず、『法令』第一条が「村落」ないし農民身分の信仰選択権に関して確固とした方針を定めたという、広く受け入れられている見方[41]に疑問の余地がある。同『法令』制定の目的は、あくまで国王の新教諸派への干渉を退け「信教の自由」を明文化することにあり、所領内の信仰選択権の所在を確定することではなかった。同時代の法規範史料は、むしろ諸領内の信仰選択権への明言を避けているようにみえる。ペーテルが第一条と一対のものとみなした農民の移転関連条項(一三条)に関して、その後の貴族州で多くの条令が定められたことと対照的に、農民の信仰選択権に関しては『法令』を反映した条例はまったく定められていないのである[42]。

次に、セクフューやサボー、ペーテルに共通してみられる「教会保護権」の理解に関する問題がある。彼らは「教会保護権」を領主の領民に対する改宗権と同一視したが、同時代の状況はそれほど単純ではなかった。確かに、先に記したバルビアーノと北部貴族代表の会話や、ペーテルが引用したボチカイ議会作成のパンフレットにおける以下の表現は、彼らの議論を裏づけているようにみえる[43]。

「ハンガリー王国の最も重要な自由のひとつは、いかなる領主や貴族でも自らの所領では自由に支配することができ、王であれ高位聖職者であれ領主が招かないのにその所領に聖職者をおくことはできないというものである。マグナート、平貴族、その他の領主、自由都市はハンガリー王冠の成員としてこの権利を自由に、そして平穏に享受していた」。

しかし、このパンフレットは国王ルドルフの圧制を非難するために国外向けに作成されたものであり、その主張はあくまで国王・貴族関係について展開されたものである[44]。近年の事例研究は、むしろ「教会保護権」と改宗権の同一視を疑問に付す情報を提供している。例えば、ペーテル自身が行った北西部の市場町シャーロシュパタクの事例研究では、カトリックに再改宗した教会保護者のもとで改革派の会衆が数十年間に渡り教会堂を使用し、礼拝に参加していたことが明らかにされている。(45)

最後に、これが最大の問題と思われるのであるが、セクフューやペーテルが『法令』第一条にみられる「村落」という語を「農民身分」と読み替えて議論を組み立てている点を指摘しておく必要がある。これを根拠づけるためにペーテルは、前節に引用した一六〇六年八月議会の決議の一部、すなわち『和約』第一条において「平民身分の人々」が抜け落ちているので「村落」を挿入するとした部分を引用した。(46)しかし、これは「村落」という組織が有した固有の権利を考慮に入れない議論であり、再検討の余地が存在する。

それでは、『法令』第一条における「村落」という部分はどのように理解したらよいのだろうか。一六〇八年議会の関連史料ではこの問題についての直接の議論の跡はみられないため傍証を交えた推論に止まるが、この問題について筆者の立場を示しておきたい。第一に、『和約』や『法令』の背景となる当時の社会的秩序を考えるに際しては、領主の「教会保護権」のみでなく「会衆＝教区共同体」の基礎となった市場町や村落の権利を考慮する必要があると思われる。確かに、この時代のハンガリーでは「再版農奴制」あるいは「土地緊縛制」の時代と特徴づけられるように領主・農民関係が法的に確定され、それまでの自治的な村落・市場町の諸権利も徐々に掘り崩されていった。(47)しかし、少なくとも宗教面においては市場町・村落の役割やそれに付随した諸権利はこの時代むしろ増大したと考えられる。カトリックの教会制度が壊滅的状態にあった一六世紀後半から一七世紀初頭において、教会を運営し、聖職者を維持していくために市場町・村落の果す役割はますます重要となったと考えられるのである。こうした市場町・村落の役割と権利を示す一例として、牧師選出の問題を挙げることができる。最近の研究では、中世のハンガリーにおいて市場町や村落が司祭選出など教会運営に果した役割が明らかにされつつあるが、(48)そうした権利は新教諸派のもとでも存続し、宗派教会により明文化されていった。一六世紀後半に各地の教会会議で作成された『教会規定』をみると、その多くに村落・市場町を基盤とした「会衆＝教区共同体」の牧師選出について定めた規定をみいだすことができるのである。[49] 教会の運営において「会衆＝教区共同体」が一致してあたる方針は、福音派や改革派の教会規定に共通してみられるものである。したがって、「村落」の語を法令に挿入することは、それほど異常な出来事であったとは思われない。『法令』第一条がルドルフ統治下で混乱した宗教的秩序の再建を目指したとすれば、既存の秩序形成に一定の役割を果していた「村落」への配慮は、むしろ当然のことのように思われるのである。

第二に、しかし、このような村落・市場町の権利やその領主との関係は、ハンガリー王国内で一様であったわけではないだろう。村落や市場町をとり巻く状況は、ハンガリー王国内の各地域において所領構造の違いや歴史的、政治的諸要因に左右されて当然異なっていたと想定される。あくまでも推論の域を出ないが、こうした地域的な環境の相違が、『和約』と『法令』の相違の背景にあったと考えることができるのではないだろうか。これまで指摘されてこなかったが、『和約』第一条に「村落」の挿入を要求した一六〇六年の二度の議会にはいずれも東部諸州のみしか参加していなかった。ウィーンでの『和約』草案作成後、イッレーシュハージは西部諸州のみに草案を回覧し、独自に西部地域の諸身分の同意を得ようとした。これに対してボチカイは、不信感を表明して西部諸州の代表者を召集しなかったのである。[50] さらに、この二つの議会の決定を受けて、一六〇八年の戴冠前議会の請願書では「村落」の挿入がみられるが、[51] これも東部諸州の主張であったと考えられる。というのも、一六〇七年と一六〇八年議会に各州の代表者がもちよった委任状をみてみると、「村落」挿入の要求はトレンチェーン州、アバウーイ州、セペシュ州という北部・北東部の三州の委任状にのみ確認できるからである。[52] 以上の二点から、「村落」という言葉の挿入は、北部・北東部の諸身分が共同体としての「村落」の既存の権利に配慮しつつ要求したものであった、と推定することができる。

四　まとめ

一六〇八年法令第一条はハンガリー王国で初めて「信教の自由」について定めた画期的な条項であったが、その内容は具体性を欠き、それゆえ研究者の解釈も分かれた。セクフューやサボーは『和約』第一条と『法令』第一条を一般的な改宗権の問題ととらえたため、彼らにとっては『和約』第一条にみられなかった「村落」という言葉が『法令』第一条に現れたことは、『法令』第一条が農奴にまで宗派選択の自由を拡大したことを意味した。一方、ペーテルによれば、『法令』第一条における「村落」への言及は、新教派領主の支配下の農民身分が新教諸派に止まりうることを示すだけであり、農民身分の信仰選択権の保障を意味したものではなかった。

法令の解釈をめぐる見解の相違は、現代の研究者たちの間でだけみられたわけではなかった。一六一〇年代末から、議会参加者たちの間でも『法令』第一条の解釈をめぐって論争が始まった。この頃始まる西部の大貴族の再カトリック化により勢力を回復し始めたカトリック陣営は、それら大貴族の支配下の住民を強制的にカトリックへ再改宗させようと試み、その行為を正当化するために「教会保護権」をもち出した。これに対して、新教諸派陣営は『法令』第一条における「村落」に言及し、カトリック大貴族の行為を違法なものとした(53)。ここにおいて、一六〇八年の時点では曖昧なままに残されていた「村落」の「信教の自由」をめぐる解釈の相違が表面化したのである。

本章の検討では、このような解釈の相違を生み出す曖昧な『法令』第一条が制定された背景として、市場町・村落共同体の権利の存在とその地域差を考えた。こうした市場町・村落共同体の権利は既存の宗教的秩序のなかで一定の役割を果しており、『法令』制定に携わった者の一部はこれを考慮して『和約』第一条に「村落」という言葉の挿入を要求したと考えたのである。さらに本章では、一六〇八年議会について利用しうるわずかな史料から、これをハンガリー王国北東部の諸身分の要求と推定した。そのような要求を生み出した地域の宗教実践のあり方については三章で論ずることとし、次章ではトランシルヴァニア侯国の宗教秩序構想についてみておくことにする。

（1）議会における宗教問題の審議を扱った先駆的研究としては、Mihály Zsilinszky, *A magyar országgyűlések vallásügyi tárgyalásai a reformatiotól kezdve.* vol. 1. *A reformatiotól a bécsi békéig. 1523–1608* (Budapest, 1880); vol. 2. *A bécs kötéstől a linczi békekötésig. 1608–1647* (Budapest, 1891) がある。

（2）Dezső Márkus (ed.), *Corpus Juris Hungarici. Magyar törvénytár. 1608–1657* (Budapest, 1900), 6-43.

（3）本書序章一五—一六頁参照。

（4）一五二三年法令第五四条。*CJH 1000–1526*, 824-825.

（5）一五二五年法令第四条。ibid., 828-831.

（6）この時期に議会に参加していた諸身分の宗派別の内訳は不明であるが、一五五〇年代にはすでに新教諸派の者が多数派となっていたことが知られている。Révész, *Református egyháztörténet*, 327-331.

（7）一五四八年法令第五条、同第一一条。*CJH 1526–1608*, 222-225, 226-227.

（8）*CJH 1526–1608*, 262-263, 264-265, 308-309, 366-367, 406-407, 498-499.

（9）Jenő Zoványi, *A reformáció Magyarországon.* 1565-ig (Budapest, 1922, rpt. 1986), 454-485.

（10）*CJH 1526–1608*, 955-957. 二二条の制定背景については次の研究をも参照。Árpád Károlyi, 'A húszonkettedik articulus,' in id., *Néhány történelmi tanulmány* (Budapest, 1930), 154-226.

（11）ボチカイ解放戦争は、東部の大貴族ボチカイとバルビアーノのアルモジュドの戦い（一六〇四年一〇月）に始まり、都市や貴族の支持をも得て国王に対する大規模な蜂起に発展した。ボチカイ解放戦争の具体的な経過は、László Nagy, *Bocskai István a hadak élén* (Budapest, 1981) に詳しい。

（12）『和約』の原文は五通確認されており、それぞれにわずかながら差異が存在する。本章ではこれらの差異を明記した Roderich Gooss (ed.), *Österreichische Staatsverträge. Fürstentum Siebenbürgen. 1526–1690* (Wien, 1911, rpt. Nendeln, 1970), 341–353, を利用した。なお、『和約』は Árpád Károlyi (ed.), *Magyar országgyűlési emlékek*. vol. 12 (Budapest, 1917), 511–524（ハンガリー国立文書館所蔵史料）、および *CJH 1526–1608,* 960–961（原典不明）にも収められている。後者には編者の手になると思われる段落割りがみられる。

（13）本章註（2）を参照。

（14）Kálmán Benda, 'Habsburg-politika és rendi ellenállás a XVII. század elején', *TSz* 13 (1970), 427.

（15）"Ad primum articulum. Quantum itaque ad religionis negocium attinet, non obstantibus prioribus pro tempore constitutionibus publicis, sed neque articulo postremo anni millesimi sexcentesimi qarti (cum is extra diaetam et sine regnicolarum assensu adiectus fuerit, et propterea etiam tollitur) deliberatum est, ut iuxta Sacrae C(eae) R(iae)que M(tis) priorem resolutionem, ad quam se regnicolae in sua replicatione referunt, nimirum: quod omnes et singulos status et ordines intra ambitum regni Hungariae solum existentes, tam magnates, nobiles, quam liberas civitates et oppida privilegiata immediate ad coronam spectantia, item in confiniis quoque regni Hungariae milites Hungaros, in sua religione et confessione nusquam et nequaquam turbabit, nec per alios turbari aut impediri sinet: verum omnibus praedictis statibus et ordinibus liber religionis ipsorum usus et exercitium permittetur, absque tamen praeiudicio Catholicae Romanae religionis, et ut clerus, templa et ecclesiae Catholicorum Romanorum intracta* et libera permaneant, atque ea, quae hoc disturbiorum tempore utrinque occupata fuere, rursum eisdem restituantur.", Gooss, Österreichische Staatsverträge, 342.（*この単語を intracta ととると前後の意味が通じなくなる。*MOE* vol. 12. および *CJH 1608–1657* では、intacta となっており、訳出はこちらによった）。

（16）"Articulus1. De negotio religionis.

Quantum itaque ad primum constitutionis Viennensis articulum attinet; deliberatm est per status et ordines inclyti regni Hungariae:

§.1. Ut religionis exercitium, tam baronibus, magnatibus, nobilibus, quam etiam liberis civitatibus, ac universis statibus, et ordinibus regni, in suis, ac fisci bonis; item in confiniis quoque regni Hungariae, militibus Hungaris, sua cujusque religio, et confessio; nec non oppidis, et villis eam sponte, ac libere acceptare volentibus, ubique liberum relinquatur: nec quisquam omnium in libero ejusdem usu, ac exercitio, a quoquam impediatur.

§.2. Quinimo ad praecavenda inter status, et ordines aliqua odia, et dissensiones; ut quaelibet religio; suae professionis superiores, seu superintendentes, habeat; statutum est." *CJH 1608-1657,* 8-9.

(17) 例えば、一六〇四年四月に作成されたボチカイの要求書(本書四一頁に引用した史料を参照)では「ルター派」と「ヘルヴェティア派」に自由を求めている。また、国王側の作成した和約草案の一つには、「これまで(新教諸派の)説教師の影響下になかった所には、ルター派あるいはカルヴァン派の説教師たちを連れていかないように」との一文もみえる。*MOE* vol. 12., 502. 一方、一六〇六年四月の議会に参加したトランシルヴァニア侯国の代表団が、列挙すべき宗派のなかに「アリウス派」(ユニテリアン派)を加えるよう提案したが、議会の要求にはとり入れられなかった。*MOE* vol. 11., 627-628, 829.

(18) Bálint Hóman, Gyula Szekfű, *Magyar történet* (Budapest, 1935, rpt. 1990). vol. 3, 386-389, vol. 4, 95-109.

(19) Hóman, Szekfű, *Magyar történet.* vol. 3, 317-318.

(20) ハイドゥーに関しては、序章註(30)を参照。

(21) István Szabó, 'A jobbágy vallásügye 1608-1647', in id., *Tanulmányok a magyar parasztság történetéből* (Budapest, 1948), 203-264.

(22) Ibid., 217-231.

(23) Ibid., 210-215.

(24) *MOE* vol. 12., 629.

(25) *MOE* vol. 12, 745.

(26) この請願書は、少なくとも二度にわたって提出された。二つの請願書にみられる「市場町と村落もまた、自発的かつ強制されることなく望むならば…」という表現は、法令にそのままとり入れられた。Magyar országos levéltár. Regnicolaris levéltár. N. 114. Kovachich Márton György gyűjteménye és acta diaetalia. vol. 16, 42 (1608. oct. 31.), 47 (1608. nov. 14.).

(27) 一六〇六年から一六〇八年の間におけるハイドゥーの議会出席の有無を史料から確認することは難しい。最近出版された近世ハンガリー王国の概説書では、ハイドゥーが参加していたとの記述がみられるが、史料的根拠は示されていない。Ágnes R. Várkonyi, *A királyi Magyarország. 1541-1686* (Budapest, 1999), 72.

(28) Katalin Péter, 'Az 1608. évi törvény és a jobbágyok vallásszabadsága', *Sz* 111 (1977), 93-113. 後に、id., *Papok és nemesek.*

Magyar művelődéstörténeti tanulmányok a reformációval kezdődő másfél évszázadból (Budapest, 1995), 129–151 に収録。本章での頁数は後者による。

（29）Ibid., 146–151.

（30）*MOE* vol. 12., 501–510, 512 にはウィーンでの交渉過程で作成された九通の草案（最終草案を含む）が収められており、そのうちの四通については史料の写真複写が添付されている。ここから修正・変更の過程を比較的詳細にたどることができる。

（31）Illésházy István（1540–1609)は、ハンガリー王国西部の最有力貴族の一人であったが、ルドルフと対立し、一六〇三年には所領を没収されポーランドに逃亡していた。ボチカイの蜂起後に帰国し、ボチカイ側に立って和平交渉を指揮した。

（32）*MOE* vol. 11, 812.

（33）*MOE* vol. 11, 437–438.

（34）Péter, 'Az 1608. évi törvény', 136–138.

（35）Ibid., 143–145.

（36）*MOE* vol. 10, 588–591.

（37）*MOE* vol. 10, 594–598. なお、Benda, *Habsburg-abszolutizmus*, 5–8, 39 をも参照。

（38）*MOE* vol. 10, 596–597.

（39）王冠を国家の象徴とし、国王と全ての貴族により王冠が構成されるとする考え方は近世に確立し、Werbőczy István の『三部法書』に明確な形で表現された。ここでは、自由王国都市をも王冠の成員とみなしている点で、Werbőczy よりも広い王冠理解が表明されている。Ferenc Eckhart, *A Szentkorona eszme története* (Budapest, 1941), 211–239.「王冠の理念」の歴史的展開については以下をも参照。中澤達哉「「王国の王冠」「王国の共同体」「王国の身体」——ハンガリーのレスプブリカ再考」小倉欣一編『近世ヨーロッパの東と西——共和政の理念と現実』山川出版社、二〇〇四年、四五—六二頁。

（40）「王冠に直属する」地域とは、国王の直轄領のみを指したわけではない。これが具体的にどの地域を指したかについては一五一四年法令第三条「王冠に属する財産と収入の列挙」から知ることができる。これによると、八つの自由王国都市とこれに準ずる七つの都市、クン（クマン）人とヤース人の全居住地、ヴィシェグラードとその周辺の島々、鉱山都市、若干の城などが「王冠の領土」に含まれるとされている。*CJH 1526–1608*, 708–709.

（41）例えば、László Makkai, 'Az ellenreformáció és a harmincéves háború. Az erdélyi fejedelmek habsburg-ellenes küzdelmei.

1608–1648', in Várkónyi (ed.), *Magyarország története*, 577–578.

(42) ここでは次の史料集に収められた貴族州条令を検討しえたのみであり、この点については貴族州集会の議事録まで含めたさらなる検討が必要である。Sándor Kolosvári, Kelemen Óvári (eds.), *Corpus Statutorum Hungariae. Magyar törvényhatóságok jogszabályainak gyűjteménye*. vol. 1–5 (Budapest, 1890–1904)

(43) 「神と全キリスト教世界へ向けたハンガリー王国、とくに北部ハンガリーの不平、嘆願、抗議」(*MOE* vol. 10, 175–176.)。

(44) 例えば、István Fazekas, 'Dorfgemeinde und Glaubenswechsel in Ungarn im späten 16. und 17. Jahrhundert', in Joachim Bahlcke, Arno Strohmeyer (eds.), *Konfessionalisierung in Ostmitteleuropa. Wirkungen des religiösen Wandels im 16. und 17. Jahrhundert in Staat, Gesellschaft und Kultur* (Stuttgard, 1999), 339–350.

(45) Katalin Péter, 'A jezsuiták működésének első szakasza Sárospatakon', in id., *Papok és nemesek*, 186–199; id., 'A református gyülekezet első száz éve Sárospatakon', in Ferenc Glatz (ed.), *A tudomány szolgálatában. Emlékkönyv Benda Kálmán 80. születésnapjára* (Budapest, 1993), 113–122; id., 'Tolerance and Intolerance in Sixteenth-Century Hungary', in Ole Peter Grell, Bob Scribner (eds.), *Tolerance and Intolerance in the European Reformation* (Cambridge, 1996), 249–261.

(46) 本章三八頁に引用した史料を参照。

(47) István Szabó, 'A parasztfalu önkormányzatának válsága az újkorban', in id., *Tanulmányok*, 265–310.

(48) András Kubinyi, 'Plébánosválasztások és egyházközségi önkormányzat a középkori Magyarországon', in id., *Főpapok, egyházi intézmények és vallásosság a középkori Magyarországon* (Budapest, 1999), 269–286.

(49) 本書一八一一九頁を参照。

(50) *MOE* vol. 12, 534–536, 543–544.

(51) 本章註(30)を参照。

(52) Kálmán Benda (ed.), *MOE 1607–1608* (手稿), Trencsén megye utasítása országgyűlési követeinek (1607. júl. 12), Abaúj megye utasítása országgyűlési követeinek (1607. júl. 23), Szepes megyei utasítása országgyűlési követeinek (1607. aug.6).

(53) István Szabó, 'A jobbágy vallásügye', 231–256.

第二章　宗教秩序の構想(二)——トランシルヴァニア侯国

トランシルヴァニア侯国は、中世ハンガリー王国の分裂後にオスマン朝の宗主権のもとで、議会により侯を選出する国家として誕生した。(1) この国家は言語や特権、定住形態を異にする諸集団により構成され、それぞれが異なる宗教・宗派に帰属していた。中世ハンガリー王国時代から、トランシルヴァニア地域には王国行政単位としての貴族州とは別に「座 szék」「管区 vidék」と呼ばれたセーケイ人 székely、サース(ザクセン)人 szász 固有の行政区域が設定されており、一部地域ではブラフ vlah, oláh と呼ばれる人々も特権を認められて生活していた。宗教的にみると、中世ハンガリー王国の統治下でもカトリックのほかに東方正教会が一定の勢力を保っており、宗教改革思想の流入後には、新たにいくつかの宗派が形成されていった。トランシルヴァニア侯国の議会では、そうした宗教・宗派の扱いについて頻繁に議論が行われ、その結果、複数の宗派が公認されていった。一六五三年に編纂された法典では、冒頭近くに次のような表現がみられる。

「この国の一般諸規定に従って、改革福音派(一般にカルヴァン派)、ルター派あるいはアウクスブルク信仰告白派、ローマ・カトリック、ユニテリアン派あるいは反三位一体派の四つの受容された宗派の自由な活動が、今後も認められるように(2)」。

ここにみられる「四つの受容された宗派」の自由という文言は、すでに一六世紀の諸法令や侯の即位誓約に確認され(3)、また一七世紀末にトランシルヴァニア侯国がハプスブルク家の支配下におかれた際に出された『レオポルド勅書』にも書き込まれた(4)。

トランシルヴァニア侯国における「信教の自由」は、宗教戦争を経ることなく早くから議会立法により保障されたこと、またユニテリアン派をも含め複数宗派を認めていたこと、などの理由から、宗教改革や宗教的寛容についての概説的記述のなかでもしばしば言及され、ハンガリー史においても多元的共存の先駆的な成果として注目されてきた(5)。しかし一方で、これに関する実証的研究は少なく、戦前にハンガリーで出版された数点の概説的研究と(6)、ハンガリーやルーマニア、西ドイツで散発的に発表された諸論文を挙げうるのみである(7)。ここでそれらの研究を整理してみると、おおよそ次のような傾向を指摘することができる。

ひとつは、ヤーノシュ・ジグモンド(在位一五四〇～七〇(ハンガリー王)、一五五六～七一年)の統治末期に制定された諸法令を広範な「信教の自由」を定めたものととらえ、侯国の宗教的寛容を積極的に評価しようとする傾向である。例えば、ガジは、「トランシルヴァニアの信教の自由の形成とその帰結とを法令のなかから明らかにする」ことを目的として、ヤーノシュ・ジグモンド統治末年までに時期を限定して宗教改革の波及や法令制定の経過を概観している(8)。ここでのガジの時期設定の根拠は、彼がヤーノシュ・ジグモンド統治末期を宗教的寛容が支配的であった時期とみなし、この時期の議会制定法令によって侯国期を通じて存続するカトリック・福音派・改革派・ユニテリアン派の四宗派の自由という「信教の自由」の基本的枠組が完成したと考えていることにある。ただ、ガジの研究では、自由を行使しうる主体の問題や法令適用の実態についてほとんど触れられておらず、法令は非常に広範な自由を認めたものとして描かれている。

一方、この国に特殊な身分制の存在を想定し、その下での宗教的寛容の制約性を強調する研究傾向も存在する。ルーマニアのドイツ系研究者ビンダーは、宗教的寛容が後退したとみなされるバートリ家の統治期をも考察範囲に含めて宗教的寛容のさまざまな限界を指摘しており[9]、ドイツのドーシュは、同じく宗教的寛容の身分的制約を強調して次のように述べている。「トランシルヴァニアの信教の自由は近代的理解における「自由 Freiheit」ではなく、古い身分的「自由 Libertät」であり、法の前の平等にではなく国制に制約された不平等に基づいていた」。そこでは、「一般的な寛容ではなく、相対的かつ制限つきで、序列をもち、〔特定宗派からの〕選択のみが可能であるような寛容が語られるにすぎない。この寛容はある世界観上の信念から発生したのではなく、諸身分に対して彼らと彼らの領民の宗教を決定するだけの力を与えた特殊なそして内外政治に規定された権力構造の所産であった」。それはドイツと「異なる権力関係に基づいた cujus regio eius religio〔支配者の信仰選択権〕の変種にすぎなかった。〔…〕トランシルヴァニアの「寛容」は「三民族（ナティオ）」〔すなわち議会を構成したハンガリー人貴族、セーケイ人、サース人〕の身分制的体制の枠を超えることはなく、「信教の自由」もその体制に四つの受容された宗派を適合させて成り立ちえただけであった[10]」。

このような見解の相違は、対象とされる時代や地域の相違によるところも大きい。例えば、ガジが法令適用の実態に触れることなく、ヤーノシュ・ジグモンド期に限定して広範な宗教的寛容を主張するのに対し、ビンダーやドーシュが寛容の限界を指摘する際、その根拠として挙げられる事例のほとんどは、その後のバートリ家統治期や都市貴族が寡頭政治を行ったサース人居住区に関するものである。したがって、こうした見解の相違は必ずしも事実認識の相違に基づいているわけではない。問題はこれら宗教的寛容の度合いを評価しようとする研究が、個別地域の宗教的状況の一般化や議論の前提となる法令の部分的、あるいは恣意的な引用に基づいてなされている点である。さらに、法令と実際の宗教状況との関係の理解についても、ときに法令をそのまま現実の反映とみなし、あるいは逆に現実の不寛容な状況をもって法令の性格を推定するという傾向までもが認められる。このため、近年バラージュが指摘したように、法令自体の性格やその時代的変遷についても明らかな事実誤認が散見する。(11)

このような現状に鑑み、以下では一六世紀を通じて繰り返し修正・変更された法令のテキストを再検討し、諸法令が対象とした宗派・集団について、時代的変化に注意を払いながら確定していく。その際、村落・市場町の位置づけにとくに注意するとともに前記の諸研究の問題点を考慮して、対象時期を寛容な時期と評価されるヤーノシュ・ジグモンド期に限定せず、法的枠組みが確定したとみなしうる時期まで、すなわち「四つの受容された宗派」という表現が現れる一五九〇年代末までに設定する。そのうえで、ヤーノシュ・ジグモンド期までとその後の時代の法令を区別し、それぞれの時代の特色、共通点と相違点に留意しながら検討をすすめる。法案提出主体や法令内容の点で、ヤーノシュ・ジグモンド期とバートリ・イシュトヴァーン期の間に明らかな変化が認められるからである。(12)史料としては、現時点で最も包括的な議会史料である『トランシルヴァニア議会集成』(以下『議会集成』と表記)を使用する。(13)

一　ヤーノシュ・ジグモンド統治期(一五五六～七一年)

この時期の前半は、ヤーノシュ・ジグモンドの幼年期にあたり、一五六〇年代後半までは議会を介さない君主の直接の宗教政策や法案提出はほとんど確認できない。この時期の法令は宗教改革思想の波及や宗派形成の経過に応じて確認と修正をたびたび繰り返す形で制定されており、宗派形成が福音派、改革派、ユニテリアン派の順で生じたために、法令の主たる対象もこれに従って変化している。そこで、羅列的ではあるが各宗派ごとに法令の内容をみていくことにする。[14]

福音派に関する規定

ハンガリー王国の議会は、一五二三年以降たびたび福音派の追放および火刑について決議した。[15]しかし、これらの決定が適用された事例は知られておらず、一五二六年にサポヤイ・ヤーノシュ(在位一五二六〜四〇年)を国王に選出した(東)ハンガリー王国でも、福音派に対しなんら具体的な措置は講じられなかった。この時期の目立った動きとしては、一五三八年に二人の司教(ヴァーラド司教マルティヌッツィとトランシルヴァニア司教シュタティレオ)の要請により国王列席の下で開催されたシェゲシュヴァール宗教討論会を挙げうるのみである。この討論会では、両司教による強硬な弾圧策が提出されたものの、福音派や人文主義者の反対にあってこれが退けられ、国王もこれに明確な意志を示さなかったため、事実上福音派の存在が容認された形となっていた。[16]

サポヤイ・ヤーノシュの死とオスマン朝によるハンガリー王国中央部の占拠後、王国議会とは独立して開催され始めたトランシルヴァニア侯国議会[17]では、早くから福音派の問題がとりあげられており、『議会集成』中には一五六〇年代半ばまでの間に福音派に言及した九つの条文を確認することができる。[18]過去の条文の確認やわずかな修正に止まるものも多いので、特徴的とみなしうる三つの条文を中心に検討しておく。

①「宗教の問題について次のように決定された。今後、何人《なんぴと》もあえて改革を行わぬこと。都市の外では何人の生命、慣習、生活も損なわれることがないように。しかし、各人は全体のため自ら隣人による教えの導きに応じること。また〔カトリックの〕修道士たち Monachi や他の聖職者たち Ecclesiastici Viri には誰からも危害が

加えられることがなく、彼らは通常の方法で自由に司牧活動を行うことができること」（一五四五年四月、トルダ議会[19]）。

②「われらとわれらの光輝なる王子は、王国住民たちの熱心な嘆願に対して慈悲深く次のように決定した。各人は信仰の問題において、自由が認められた信仰を自らの判断に基づき奉ずることが許され、その好むところの信仰を新しい儀式と古い儀式によって行うこと。ただし、それはいかなる人からの暴力もなく〔行われるべきであり〕、新しい宗派の信徒たちはどこであろうと旧来の宗派を圧迫し、あるいはその〔旧来の宗派の〕信徒に不正を働くことのないように」（一五五七年六月、トルダ議会[20]）。

③「セーケイ人住民たちの間で〔新旧〕双方の宗派にさまざまな対立が生じ、そこから最悪の事態に至る可能性が存在するので、王国住民は次のように考案した。〔…〕各々はその好むところの宗派と信仰を奉じ、自らの宗派の説教師 concionator を自由に保持することができること。またそれら〔新旧の宗派〕のうちの一方の集会が始められたとき他方はそれを妨害してはならず、それが終わるまで待ち、その集会が終わった後に自らの集会を始めるように。そうして双方が自由にことを進め、また教会の秘蹟を施すことができるように。これに対して、撹乱者たち turbatores は国王陛下の面前へと召喚され、その者が行った不法行為により法の規定に従いしかるべき罰が課されること」（一五六三年一月、トルダ議会[21]）。

以上に引用した三法令では、新旧両派の対立が問題とされている。この対立は、他の同様の内容をもつ諸法令において「教皇派 pars papistica」と「福音派 pars Euangelica」の対立（一五五二年）、「旧来の宗教」と「ヴィッテンベルクの教会 ecclesia Wittenbergens に従ったルター派信仰 lutherana fide」の対立（一五五八年）として表現されており[22]、これらの法令がカトリックと福音派の問題を扱っていることは明らかである。さて、①は福音派の問題についての最初の決定であり、「改革」の続行禁止が述べられてはいるが、そこには「改革」に対する積極的な抑圧の意図はみられない。法令制定の意図は、「都市」の外部へ「改革」を拡大したり、カトリックの修道士や聖職者の司牧活動を妨げたりすることのないよう現状維持をうながす程度であったと考えられる。同様の主旨の法令は、一五五一年から五六年の間のハプスブルク家の統治期にも繰り返し制定されている[23]。一五五四年以降は、この「都市」という限定もみられなくなり、②では「新しい宗派」と「旧来の宗派」に対して、各々の儀式(主要な相違は聖餐式の理解にあった)に則った礼拝を実施する自由が明快に述べられるに至っている。

また、この時期の議会では、③のように、特定地区の係争について調停を行った決議が合わせて三件みられる[24]。そこでは、住民がカトリックと福音派に分かれた場合、双方が自らの聖職者をおくことができること、また双方が教会堂を共同で利用し、一方が他方の礼拝等を妨げないこと、など宗派共存の方法が具体的に定められている。

ところで、これらの法令においては、自由な礼拝を認められたのがどのような身分や集団であったのかは判然としない。強いて挙げるとすれば、②にみられる「各人は…許され」るという表現があり、ビンダーは、議会が諸身分間の問題のみしか扱うことができなかったこと、またこの時期の法令のほとんどが諸身分から国王への請願という形をとっていることの二点を理由として、「各人」を「各々の諸身分」とみなすべきとしている[25]。しかし、これだけの簡素な法令内容からそのような結論を出すのは難しいように思われる。一方、③のセーケイ人についての法令は市場町や村落の内部で個々の住民に宗派選択の自由があった可能性を示唆しているが[26]、①のように都市以外での改革を抑制しようとする規定もあり、侯国全体としての統一的方針は定まっていないようにみえる。したがってここでは、自由を行使しうる身分や集団の問題は明確には規定されておらず、あるいは統一的方針が存在しなかった、という事実を確認できるのみである。

改革派に関する規定

次に改革派を対象とする諸法令の検討に移る。一五五七年以後一五六〇年代半ばまでの間に七つの条文を確認できるが[27]、ここでも特徴的な三法令のみを引用しておこう。

④「王国の住民たちは、教会の調和を実現し、福音の教えに生じた論争を鎮めるため、全国教会会議 **nacionalem sinodum** を開くことを決定した。そこでは、参加した福音に忠実な牧師たちおよびその他貴族の主立った人々により、教えについての議論が誠実に行われ、神の導きにより宗教における意見の対立と相違がとり除かれるように」（一五五七年六月、トルダ議会[28]）。

⑤「キリストの宗教において、とくに聖餐について、教会の牧師たちの間に対立とさまざまな論争が生じてきている。そこで、さまざまな障害と混乱が発生することを警戒し、陛下の慈悲深き承諾を得て次のように決定した。ドロテアの祭日〔二月六日〕にメジェシュの公開討論に教会の識者たちと牧師たちが集まり、そこに確かで慈悲深き人物、すなわち貴族 **dominis nobilibus** のうちから〔人名列挙〕が出され、一方議会に参加しているサース人 **dominis Saxones** からも選ばれた確かな人物が出されるように」（一五六〇年一一月、コロジュヴァール議会[29]）。

⑥「宗教のサクラメント、とくに聖餐の問題において、たえずさまざまな議論と論争、争いと主張がコロジュヴァールのハンガリー人 Coloswariensis, nationis videlicet Hungari 教会〔すなわち改革派〕とサース人たちのセベン Cibiniensis gentis Saxonicalis 教会〔すなわち福音派〕の監督 superintendens たち、牧師 pastor たちの間で続けられているため〔…〕次のように決定された。〔聖餐式の〕方法に関しては、以後双方の党派に自由が認めら

れること。〔牧師には〕コロジュヴァールないしセベンの教会の宗教と教えを奉ずることが認められること。ただし、もし市場町や村の教区牧師がコロジュヴァールの教会の宗教と教えを説教し、民衆に乱暴にそれを強制するならば、〔そのような行為は〕許されない。逆に、いずれの宗派であれ教区すなわち市場町ないし村自身が望むのであれば、その教えを奉ずる説教者predicatorを保持し、反対の〔教えを説く〕者を追い払うことができる。同様のことは、セベンの教区においても尊重されるように」(一五六四年六月、トルダ議会)[30]。

④は先に見た③に続く部分であり、この時点で初めて新教派内部の分裂が俎上に載せられた。これは具体的には、ツヴィングリの影響を受けたとされるカールマンチェヒと他の福音派監督らとの間の聖餐式理解をめぐる対立を対象としており、同年七月には実際にコロジュヴァールで教会会議が開催されたことが知られている[31]。この法令では新教派内部の調和が求められているものの、新たな教説を説く者たちに対する積極的な抑圧の意図はみられない。その後の⑥までの法令は、いずれも⑤のように俗人と聖職者代表の参加による宗教討論会を行うこと、それにより新教内部での信仰の一致を図ることを決定している[32]。こうした議会の決定を受けて教会会議が開催され、そこでの討論により見解の相違が解消されえないことが明らかになった後、一五六四年六月に⑥が制定された。そこからは、新教内部で分派となった改革派が独自の理解に基づいた聖餐式実施を認められ、牧師や共同体に対しても改革派の信仰を選択する権利が認められたことが確認される。

ここで注目しておきたいのは、福音派・改革派双方の支持基盤のとらえ方である。福音派と改革派の対立は、一五五七年の時点では「教え」についての見解の相違という形で表現されたが、一五六〇年と六四年にはサース人とハンガリー人、もしくはセベンとコロジュヴァールの対立として、住民集団やその宗教上の拠点都市により特徴づけられるようになっている。宗教と住民集団との一致が実際にどの程度みられたかはともかく、法令では

「民族（ナティオ）」として議会に代表をもっていたハンガリー人、サース人がそれぞれの宗派の支持基盤とみなされ、これを背景に承認が与えられた形となっている。では、この「信教の自由」は、議会参加者のみの、したがって身分的制約をもった自由であったといえるのであろうか。

ここで再び礼拝の自由が認められた身分や集団について確認しておくことにしたい。この問題は福音派、改革派の共存方法を定めるなかでやや詳しく触れられている。⑥には、両宗派の共存のために福音派、改革派のどちらか一方の牧師から「教区や市場町、村」に対して強制的に改宗を要請したり、あるいは説教したりするのを禁止する、という処置がみられる。逆に「教区や市場町、村」には牧師を選び、追放する権利が認められているため、「教区や市場町、村」に自由が与えられた形となっている。しかし、改宗に際して聖職者サイドの圧力を規制したこの法令も、その選択主体が共同体自身であるのか、これを支配下においた領主であるのかについての言及はみられない。領主や貴族との関係が明確とされていない以上、ここでも自由が認められる身分や集団の問題は曖昧さを残しているといわざるをえない。

ユニテリアン派に関する規定

「ユニテリアン派 Unitaria」という名称が始めて法文中に現れるのは、一六〇〇年一一月の法令においてであり、[33] 本節の扱う時期にはこの名称はみられない。しかし、すでに本節の対象とする時期においても、同派が少なくとも成立途上にあったことは確認できる。次にあげる二つの法令も、以下に分析するようにユニテリアン派を対象としたものとみなしうるものである。

⑦「われらが陛下は、宗教問題について以前の議会で国の住民とともに決定されたが、同様に本議会でも次の

ように確認された。説教師たち prédicátorok はどこでも各々その理解に従って福音を説教し、告げ知らせること。ある共同体 község が〔その説教師を〕受け入れることを望むならば問題はないが、もしそうでなくても、何人《なんぴと》もその者の魂が休まらぬように暴力的に抑圧しないこと。しかし、〔共同体は〕彼らの好む教えを奉ずる説教師を保持できるように。そのため、以前の法令通り、監督その他何人であれ、説教師たちを攻撃することはできないし、何人もその宗教のために誰かから罵られてはならない。また何人も誰かをその教説ゆえに監禁、追放によって脅かすことは許されない。なぜなら、信仰は神の贈物であり、それは聞くことからもたらされ、聞くことは福音による財産なのだから」(一五六八年一月、トルダ議会)(34)。

⑧「われらが主なるキリストは、われわれが第一に神の国とその真理を求めるよう命じているので、福音の説教とそれを聞くことについて次のように決定した。以前に陛下の国において決定されたように、福音はどこでも自由に説教され、説教師であれ、聴衆 hallgatók であれ、信仰ゆえに何人も傷つけられることのないように。しかし、もしある司祭 minister が死すべき重罪のなかに criminalis excessusba みいだされたならば、監督はその者を裁き、あらゆる職務を剝奪し、しかるのちに国から追放すること」(一五七一年一月、マロシュヴァーシャールヘイ)(35)。

両法令には宗派名はもちろん、これまでの法令にみられたような地名や集団名による宗派の特徴づけもみられない。また、「信仰は神の贈物であり」、「われらが主なるキリストは〔…〕命じているので」など、寛容思想の影響を思わせる言葉もみられる(36)。このため、ここで述べられている自由は、あたかも寛容思想に裏打ちされた宗派的制約なき自由であったかにみえる。しかしながら、同時期の一五七〇年に制定された法令には、次のような条項がみられることに注目にしたい。

⑨「現在沸き起ってきた異端者たち eretnekségek とその創始者の処罰に関する陛下の慈悲深きお答えに対し、われわれは陛下に次のように答える。第一に、主なる神の栄誉と陛下の君主としての権威に鑑み、主なる神の大いなる怒りがわれわれに降りかからぬよう、陛下は自国でこうした神への冒涜と異端を耐え忍ぶのではなく、その指導者 author と喧伝者 hirdetőを徹底的に処罰することを望まれるように」（一五七〇年一月、メジェシュ議会）[37]。

ここにみられる異端への厳しい措置は、⑦⑧が必ずしも無限定の自由を意図したものでないことを示している。これと⑦⑧はいかに整合しうるのか。さらに詳しく両法令の特徴を検討してみたい。まず指摘できることは、「説教師」の自由が前面に出ている点である。法文中では、説教師の各々その理解に従った福音理解、および説教の自由についての言及があり、その内容はあたかも説教師個人に教義の理解や説教の自由裁量が委ねられているかの如くである。さらに、この説教師に対して「監督」が攻撃を加えてはならない旨も述べられている。この時期に監督が設置されていたのは福音派と改革派であり[38]、さしあたりはこの両者に対する規制であったと判断できる。一方、このような説教師の自由に対して、改革派承認時と同様、「共同体」の牧師選択権も認められている。このために、説教師と「共同体」の見解が対立した場合については、矛盾が生じかねない内容となっている。したがって、このような説教師の自由への言及があえて付加された理由が考えられなければならないのだが、結論からいえば、その背景には当時最大の問題となっていた改革派とユニテリアン派の対立問題があったと考えられる。一五七〇年前後にはユニテリアン派は宗派形成の途上にあり、教義の確定や教会組織の形成もみられなかった。この時期には、コロジュヴァールの改革派監督であったダーヴィドやイタリアから宮廷医として招かれていたビアンドラータなどの内外の反三位一体説信奉者たちの主張に呼応し、これに傾倒するようになった一群の牧師・説教師の集団があったのみである。[39]しかし、改革派監督と宮廷牧師を兼任していたダーヴィド自身が改宗したことにより、その教えは、コロジュヴァールや一部の改革派大貴族を中心に急速に支持者を拡大しつつあった。ダーヴィドは一五六〇年代末から七〇年代初頭にかけ、デブレツェンを拠点とした改革派監督メーリウスと三位一体説をめぐって繰り返し論争を行っており、国王も列席しての討論会は、この時期の侯国の宗教問題における最大の関心事となっていたと考えられる。[40]こうした事情を考慮すれば、「監督」から「説教師」への攻撃禁止や「説教師」の説教自由を定めたこの規定が対象を限定しない一般的な規定であったとは考えにくい。法令は改革派から分離しつつあった反三位一体説を奉ずる「説教師」グループに関して改革派からの攻撃を抑制し、彼らの自由な説教を認めたもの、と理解するのが適当であると考えられるのである。[41]また、自由を行使しうる身分や集団の問題についても改革派承認時の⑥と同様に領主と「共同体」の関係についての言及はなく、この点でも法令に目新しさはない。ここでもその問題は不明確なままに止まっているのである。

その他の宗派（カトリック、東方正教会）に関する規定

この時期新教諸派以外の宗派として法令中に現れるのは、旧来から存在したカトリックと東方正教会のみであり、その言及の量はわずかでしかない。

⑩「最後に、主なるキリストの良き本性により陛下の王国のあらゆるところで福音の光が輝かせられたのであるから、間違った教えや過ちが聖母教会からとり除かれることを願い、一致した意思により次のように決定さ

れた。すなわち、教皇の教え pápai tudomán と人間による贖罪に執着し、そこから離れようとしない聖職者たちは、陛下の王国においては皆自ら〔正しい教えに〕順応するようにと」(一五六六年三月、トルダ議会)[42]。

⑪「宗教の問題について、以前にも一致した意思により次のように決定されていた。すなわち、すべてのキリスト教徒はあらゆることに関して神の御業に照らして振る舞うように。また、以前の諸法令を維持し、いかなる民族 nemzet の間でも福音の説教が損なわれぬように。そして、神の栄誉と名声が傷つけられることのないように。そうではなく、あらゆる偶像崇拝 bálványozások や神への冒涜 káromlások こそがわれらのうちから排除され一掃されるように。そこで、今回も新たに次のように決定された。この国からそうしたあらゆる民族内の偶像崇拝者たちが消し去られ、福音が自由に告げられるように。とりわけ、司祭が盲目となって盲目な者たちを導き、自分自身だけでなく哀れな民衆たちをも危険にさらしているブラフたち oláhok の間で〔そうあるように〕」と。

真理に同意することを望まない者たちには、陛下は次のように命じている。主教にして監督のジェルジ György püspök superintendens と聖書について議論し、真理の理解へと向かうように。それでも、理解した真理に場所を譲らないような者たちは、ブラフの主教 püspök であれ、司祭 papok や修道士 kalugerek であれ、追放されるように。そして、すべての者は唯一の選ばれたる主教にして監督のジェルジと、彼により選ばれた司祭たちにのみ従うように。これを妨げた者は不信仰の罪により処罰されるべし」(一五六六年一一月、セベン議会)[43]。

まず、カトリックに関する法令をみていきたい。福音派や改革派の急速な普及とその法的承認、長く続く司教位の空位、一五五六年に最終的に確認された教会財産の世俗化などがカトリックにとり不利な状況をつくり出していたことは疑いないが[44]、福音派に関する法令においてみたように、少なくとも一五六〇年前半まではカトリックの活動の継続自体が禁止されることはなかった。これに対して、改革派承認後の一五六六年の法令(⑩)では「教皇の教えと人間による贖罪に執着」するカトリック聖職者自身が正されるべきことが明言され、カトリックの活動が明確に規制対象とされた。⑩では、本文で引用した部分に続いてヴァーラド市の聖堂参事会の改宗までの猶予期間や改革派に改宗した際の措置についても具体的に触れられている。ヤーノシュ・ジクモンド期には、このほかにカトリックの活動について扱った法令がみあたらないため、この一法令のみからカトリックが全面的に禁止されたと断定することは危険かも知れない。しかし、福音派、改革派を承認した同時期の諸法令と比較したとき、カトリックが法的にそれらに劣る地位に陥ったことは疑いがない。

一方、一五六〇年代には東方正教会に対しても旧来にない圧迫がみられる。これ以前の東方正教会に関する唯一の言及は、一五四五年一〇月のトルダ議会によるもので、そこでは結婚に関して「ブラフ」の慣習が非難されたが、宗教活動そのものが直接問題とされたわけではない[45]。これに対し、宗教改革との関わりで現れた最初の規定である⑪は明らかにこれと趣を異にしている。そこでは、福音派と改革派の自由が再確認され、宗派間、「民族」間の争いの禁止が述べられる一方、いわばスケープゴートとして「偶像崇拝や神への冒涜」が非難対象として挙げられている。さらに「あらゆる民族内の偶像崇拝者」という表現をとりつつも、後段では「とりわけ…ブラフたちの間」の問題であると明記されており、⑪が彼らの奉じた東方正教会を対象としたものであったことが明らかとなっている。この議決は、「ブラフ」を管轄する改革派の主教・監督として司祭ジェルジを任命し、すべての正教会司祭をその指導下におこうとしたものであった[46]。したがって、ここでも改革派拡大の結果として旧来の宗教が圧迫を受けるに至ったことが確認される。しかし、その後にもジェルジに従わない司祭や信徒についての報告がたびたびなされ、その改宗のための方策が定められていることから、(47)こうした試みが正教徒司祭や信徒の反発にあい、容易に実現しなかったことがうかがわれる。

二　バートリ家統治期(一五七一～九八年)

バートリ・イシュトヴァーン(在位一五七一～八六年)統治期には、侯が議会を介さず宗教政策を実施しようとする動きを活発化させている。法令の検討を主眼とする本章の対象から外れるのでここで詳しく検討はしないが、侯の政策の主なものを列挙しておけば次のようになる。まず福音派への干渉があり、これはサース人居住区の教会会議に対し侯による監督の任命権を要求し、「アウクスブルク信仰告白」の公式的受容を求めるという形でなされた。その他、イエズス会の招致の試み、東方正教会の主教職設置の試みが挙げられるが、直接的な新教諸派への抑圧政策はみられない。(48)またこの時期、議会でも侯の議案提出が急増する。ヤーノシュ・ジグモンドの統治末期に法文中に現れ始めた「われわれは陛下の慈悲深き提案に鑑み」といった文言が、この時期多くの法令にみられるようになるのである。この傾向は、バートリ・イシュトヴァーンがポーランド王に選出された後も続くが、彼の死後、再び諸身分側の議案提出による法令が増加する。とりわけ一五八八年、彼の甥バートリ・ジグモンド(在位一五八八～九八年)の侯位就任時の議会では、諸身分側の法案が多数決定されている。

新教諸派に関する規定

この時期の法令の多くは、これまでのように特定宗派を対象とするのではなく、次にみるように新教諸派全般を対象とした内容となっている。

⑫「第一条　宗教の問題に関して。崩御された陛下〔ヤーノシュ・ジグモンド〕の治世の諸決定は、宗教において何人をも苦しめないというものだった。そこでわれわれは議会において、〔それら諸決定が〕同じ状態と効力を維持するよう決定した。しかし、ある者たちがその決定を超え宗教においてなんらか革新をするようであれば、陛下〔バートリ・イシュトヴァーン〕がわれわれに提案された通り、陛下はダーヴィド・フェレンツと監督たちを呼びよせ、そのような革新者たち innouatorok が崩御された陛下の治世におけると異なる宗教のうちにあるか否かを糺されるように。そして、もし彼らがそれまでと異なる新しい宗教のうちにみいだされたならば、陛下は彼らを破門し、もし破門を意に介さないようであれば、その者の罪に応じたしかるべき処罰へ向け陛下の権威が示されるように」(一五七二年五月、トルダ議会(49))。

⑬「第三条　宗教の問題に関して。われわれは次のことを陛下〔バートリ・イシュトヴァーン〕の治世における先の通常議会で決定し、諸法令に書き入れた。陛下もそれに慈悲深く同意され、保証された。すなわち、陛下は亡き陛下〔ヤーノシュ・ジグモンド〕の治世下で維持されていた諸宗派の信奉者を苦しめることのないように。また、それら〔諸宗派〕の間では、かつては日常的にみられたように厄介事を起したり、互いが傷つけあい、苦しめあったりすることのないように。そして、いかなる身分の人であっても minemű renden való ember、陛下の国の人も外国の人も、この国でも〔この国に付属する〕ハンガリー〔の一部〕でも、陛下の支配領域のうちに、いかなる形であれ革新をもちこむことのないようにと。したがってわれわれは、今回も恭しく次のように陛下に嘆願する。すなわち、陛下がすでに決定した諸法令を全ての条文と条項において尊重するように。そして、陛下はわれわれの魂にも配慮され、革新者に対しては耐え忍ぶのでなくむしろ処罰されるように。われわれはそうした問題に関して、以前と同様に今回も陛下に完全な権威と権力を認めるものである」(一五七三年五月、

トルダ議会[50])。

⑭「一方、宗教の問題において、われわれは議会で次のように決定した。これまでアウクスブルク信仰告白派〔福音派〕のほか、二つの宗派〔改革派とユニテリアン派〕が尊重されていたが、同様に今後も以前の諸法令を維持しつつ保たれるように。そしてその〔諸宗派の〕内では何人も苦しめられることのないように。しかし、革新は許されてはならず、以前に命じられた処罰に〔より裁かれるように〕」(一五八八年一二月、メジェシュ議会[51])。

⑫はバートリ・イシュトヴァーンの即位翌年にみられる法令であり、宗教問題に関してヤーノシュ・ジグモンド統治期の法令を確認し、これを維持すべきことを述べている。しかし、法令の後半で、「革新者」に対する審問の方法や、その処罰についての規定がこれまでになく具体的な形で述べられていることから、ここでの重点はむしろ「革新」の禁止の方におかれていたとみるべきである。一年後に定められた⑬もこの決定を確認し、既存の宗派の平和的共存と革新者の処罰について定めている。なお、そこでは「革新」の禁止が「いかなる身分の人」に対しても適用されるとされており、自由を行使しうる身分との関連で目をひく。同年一月に決定されていた同内容の法令では、この部分が「大貴族 urak、平貴族 nemes、都市 városok」と表現されており、貴族身分の者に対しても「革新」が厳しく禁止されていたことが確認できる。⑫や⑬と同様の内容をもつ法令は、その後バートリ・イシュトヴァーンの統治期を通じてたびたび制定されることになる[52]。

ところで、こうした「革新」禁止法令のほとんどは、決議冒頭の「陛下がわれわれに送られた議案 propositió を理解し」という文言、あるいは⑫にみられる「陛下がわれわれに提案された通り」という文言から、侯の発議によるものとみなすことができる。しかし、これに対する諸身分側の目立った抵抗の跡はみられず、むしろ諸身分側が議案提出を行った⑬でも、「革新者」処罰に関してむしろ積極的に侯の「権威と権力」を認めている。こうした「革新」の禁止を支持する諸身分側の態度は、バートリ・イシュトヴァーン死後に定められた⑭にも確認できる。そこでは、諸身分側から福音派と改革派、ユニテリアン派の維持と、「革新」の禁止および「革新者」の処罰が要求されており、「革新者」問題に関しては侯と議会の一致した対応をみることができるのである。こうして、この時期の法令では公認される新教諸派の範囲が明確に定められたのであった。ただし、この時期ユニテリアン派に関しては次のような若干の個別法令が存在する。

⑮「さらに、ダーヴィド・フェレンツの宗教を奉じている人々が次のように嘆願した。ダーヴィド・フェレンツを監督とし、彼が死んだり、病気その他の理由によって辞める必要が生じたときには彼を辞めさせることができるように。そして、他の者に〔ダーヴィドと〕同じ権威を与え、交替させることができるようにと。ただし、宗教問題においては何事をも革新することはできないので、これは彼らが同じ状態に止まっているとみなされた場合に限られる」(一五七六年一月、メジェシュ議会[53])。

⑯「〔改革派監督〕トルダのアンドラーシュにはこの国を往来し、あらゆるところを訪れ、彼の宗派に属する全ての聖職者たちと牧師たちを指導し、監督し、教え、非難し、教会会議を開く全権が認められる。さらに彼は他の宗派に属する牧師たちをも導き、諭し、教えるべきであり、暴力によることなく可能であるならば彼らを自らの教えへと導くように。一方、ダーヴィド・フェレンツは、以前と同様現在もコロジュヴァールとトルダにおいてのみ教会会議を開くことが許される。彼は他の宗派に属する聖職者たちについての裁判権をもたず、ただ自らの宗派に属するものについてのみ〔裁判権をもつ〕」(一五七七年一〇月、トルダ議会[54])。

⑫では「革新者」の審問にあたるものとして「監督」に加えてダーヴィドの名が挙げられ、⑮ではユニテリアン派監督の設置が認められていることから、ユニテリアン派自体が「革新」とみなされてはいなかったことは明らかである。ただし、ユニテリアン派は、未だ教義や勢力範囲などが未確定な状況であり、この時点で前述の如く「革新」の禁止がなされたために、⑯にみられるように教会会議の開催地がコロジュヴァールとトルダに限定され、監督ダーヴィドには他の監督に比して劣った地位が与えられるに至った。「革新」関連法令は、もっぱらこの新興宗派を警戒したものであったことがうかがわれる[55]。

その他の宗派（カトリック、東方正教会）に関する規定

この時期にも、カトリックと東方正教会に関してわずかながら規定がみられる。

⑰「ブラフの主教たちと司祭たちには崩御された陛下（ヤーノシュ・ジグモンド）の時代と同様の方法と規定が適用され、次のように現状が維持されるべし。すなわち、彼ら（主教たちと司祭たち）に境界を設定し、皆がその境界のうちに止まり、その外には一人たりともあえて出て行かないようにしてである」（一五七一年一一月、コロジュヴァール[56]）。

⑱「次のことも、一致した意思により同意された。以前の主教たち pispekek が亡くなってしまい、キリスト教徒に属するブラフの司祭たち papok が自分たちのうちから主教を選ぶことを望んでいるので、彼らが（主教を）自由に選ぶことができるように。陛下は選ばれた者を確認されるように」（一五七九年一〇月、トルダ議会[57]）。

⑲「宗教の問題について、われわれは次のように言明した。現在までに、陛下はその良心と信仰に基づき、子

弟の教育のため〔コロジュ〕モノシュトルとコロジュヴァールにローマの宗教の教師を呼びよせ、さらにはフェイェールヴァールとその修道院とを彼らイエズス会の教師たち doctores scilicet collegij societatis Jesu にお与えになった。したがって、陛下はこれらの価値ある場所だけで満足され、この国のどこであっても、都市であれ村であれ新たな場所に力ずくであるいは威嚇により、教師を呼びよせ、入植させたりしないように。あらゆる場所と教会堂では、旧来の教師たちが平和な状態におかれるように」(一五八一年五月、コロジュヴァール議会[58])。

⑳「陛下や他のローマの宗教〔すなわちカトリック〕を奉ずる大貴族たちとその一族の全ての者の良心が休らかに保たれるよう、陛下は必要に応じてハンガリー人 magyar nemzet 出身の敬虔な説教師や司祭、修道士を保持し、彼らを自らの資産で給養するように。同様に、他の大貴族たちと平貴族たちも同じ〔カトリックの〕教師を、多数ではなく一人のみならば家においてもよい。しかし、受容された宗教の間で in recepta religione かつての法令の維持により信教の自由 religionis libertas が保たれるよう、誰も哀れな臣民 szegény subditus やその他の者たちを力ずくで強制してはならない」(一五八八年一二月　、メジェシュ議会[59])。

㉑「さらに、次のことも決定した。今回非難されたイエズス会の党派 jesuitarum secta は、この国において今後いかなるときにも導き入れられることのないように。招聘を受けた場合であろうとなかろうと、この決定に反してあえて〔国内に〕入るならば、全ての人々は彼らを攻撃し、その財産を掠奪できる」(同前)。

㉒「ブラフの司祭たちや監督たちは、かつての諸法令が定めていたように〔定められた〕土地に止まるように。また、ギリシアの信仰 görög hit を奉ずる主教たちは、教会保護者 patronus の許しなしに、いかなる所領をも

訪れることはできない」(同前)。

まず、カトリックに関連する⑲⑳㉑についてみよう。⑲はバートリ・イシュトヴァーン統治期にみられる唯一のカトリック関連の法令であり、侯により招聘されたイエズス会の活動を、一定の制限を設けつつ、事後承認したものである。(60) 国内のカトリックについて述べたものではないが、こうした法令の存在は、カトリックが以前のように禁止対象となっていないことをうかがわせるに十分である。㉑はバートリ死後の一五八八年議会による決定であり、⑲によるイエズス会の承認を撤回し、その永久追放を定めている。これらの法令から、侯と議会の明瞭な対立点となっていたのがイエズス会の処遇であったこと、そしてバートリ・イシュトヴァーン死後、その全面的活動禁止という形で諸身分側の要求が容れられたことがわかる。ただし、それによりカトリックの活動自体が禁止されたわけではなく、同年の議会で決定された⑳では侯やカトリックを奉ずる貴族に対し、「哀れな臣民やその他の者たちを力ずくで強制」しないという条件つきで「ハンガリー人」のカトリック聖職者を雇い、信仰を保持することが認められている。したがって、ヤーノシュ・ジグモンド統治期と比べれば、ここに新教諸派側からの一定の譲歩を認めることは可能であろう。なお、カトリックへの譲歩という文脈のなかではあるが、「哀れな臣民」の信仰の自由が認められていることは注目に値する。ここでは領民の信仰選択権が認められているのである。

一方、東方正教会についてもこの時期に地位の改善がみられる。⑰はバートリ・イシュトヴァーンの統治開始年の法令であり、一五六〇年代に任命された「ブラフ」のための改革派「主教にして監督」の活動を制限したものである。「ブラフ」の改革派監督と旧来の正教徒との争いを抑える意図があったと考えられるが、間接的に旧来の正教徒の活動が確保された形となっている。正教会の存在は、その後、より明確に認められた。一五七二年と七四年には、侯が直接正教会の主教を任命しており、この主教は議会の承認も得たとされる[61]。さらに、一五七九年の⑱では、正教徒自身による主教選出までもが認められるに至っている。また、一五八八年の㉒においても諸身分側の議案に基づき「ブラフの司祭や監督」と「ギリシアの信仰を奉ずる主教」の現状維持が定められており、この点でも議会と侯の間には目立った対立はなかったと考えられる。

こうして、バートリ家統治期に入ると、法令制定への侯の積極的な参画が目立つようになり、議会主導により決定されていた旧来の諸法令との妥協点が模索されるなか、結果として受容宗派の枠組みが確定され、また正教会の活動も認められることになった。以後のバートリ家統治期の法令には、これに対する大幅な変更は認められず、「信教の自由」の法的枠組みは一五八八年の時点で一応の完成をみたということができる。

三　ま　と　め

バートリ家統治期までに期間をとって諸法令を眺めると、「四つの受容された宗派」という枠組みが現れるのが、一般に寛容な時代とされるヤーノシュ・ジグモンド期ではなく、カトリックを奉じたバートリ家の統治期のことであったことがわかる。福音派・改革派・ユニテリアン派はヤーノシュ・ジグモンド治世末期までに承認されたが、この過程で圧迫を受けていたカトリックが再び認められ、さらには新教諸派の分派の禁止が明言されることにより、「受容された宗派」の範囲が確定されるにはバートリ家統治期を待たねばならなかったのである。

法令においてとりわけ重視されていたのは、各宗派間の争いをいかに回避するかという課題であった。宗派の分裂が進んだヤーノシュ・ジグモンド期には、都市住民間や都市間、市場町や村と説教師、監督と説教師など、さまざまな局面での対立への対処が主題となった。その後、バートリ・イシュトヴァーンの統治期になると、革新の禁止や革新者の処罰についての言及が増加するが、これもやはり、主眼は宗派分裂による宗派間対立を抑えることにあった。これに対して、内容面でさらに指摘されるのは、自由を行使しうる身分や集団についての言及の少なさ、曖昧さである。言及がある場合でも、その対象が個別の地域や事例に特定される場合がほとんどであり、ビンダーやドーシュが問題としたような「信仰選択権」の所在についての原則的な規定をみいだすことはできなかった。一方、法令制定主体については、次のことが確認された。第一に、法令制定の主導権が、バートリ・イシュトヴァーン統治開始期前後に変化したことがある。一五四〇年代の議会形成以後ヤーノシュ・ジグモンド統治末期まで、議案の作成はもっぱら諸身分側のみで行われていたが、バートリ・イシュトヴァーン統治期には、侯が積極的に関与するようになり、議会参加者内部の協議に、侯と議会との折衝という側面も加わることとなった。もっとも、宗教問題に限れば、議会と侯の見解は必ずしも相容れないものではなく、目立った対立はイエズス会をめぐる問題のみであった。両者は「四つの受容された宗派」に自由を認めるという大枠において、妥協が可能であった。第二に、新教諸派の承認の際、各宗派を特徴づけるために、その支持基盤とみなされた集団名や地域名が用いられていたことが挙げられる。福音派を特徴づけた「都市」「セベン」「サース人」といった表現は、サース人の諸都市と福音派との緊密な結びつきをうかがわせた。改革派と「市場町や村」「コロジュヴァール」「ハンガリー人」についても同様の関係がみてとれた。一方、ユニテリアン派に対する法令は集団名などによる明確な特徴づけを欠いていたが、これはユニテリアン派が当時なお改革派内部の牧師・説教師の集団にすぎず、かつての改革派の拠点の一つコロジュヴァールを中心に「ハンガリー人の教会」内部の分裂という形をとっていたことによっていた。ここで、こうした宗派と集団、地域の結びつきが法令制定にいかに働きえたかが問題となるが、これについては議会の構成からおおよその見通しが立てられる。侯国議会には聖職者、貴族、都市住民が参加していたが、その招集は各「民族(ナティオ)」の行政区を単位として行われており、原則的にはトランシルヴァニア諸県とパルティウム諸県それぞれの(ハンガリー人)貴族、サース人、セーケイ人という四集団から同数のものが参加する建前となっていた。したがって、福音派、改革派の承認は議会に参加していた「民族(ナティオ)」の自由を承認したものであったとみることもできる。ハンガリー人貴族の一部はユニテリアン派を奉じ、セーケイ人内部でもカトリックや新教諸派への分裂がみられるなど、宗派と「民族(ナティオ)」とは必ずしも厳密に対応してはいなかったが、いずれにせよ「受容された」各宗派は議会に一定の支持層を得ていたことは想定しうる。(62)

以上のような確認をもとに、法令の性格を次のように理解しておきたい。第一に、「四つの受容された宗派」の自由が議会参加者の宗教のみを対象とした「身分的自由としての宗教自由」であった、とするドーシュの結論は、ひとまず妥当と考えられる。このことは、東方正教会の位置づけに最も明瞭に現れている。東方正教会は、バートリ・イシュトヴァーンの統治期に活動を認められ、ハンガリー王国時代を含めて、初の公認主教も設置された。にもかかわらず、この時代、東方正教会が「受容された宗派」とみなされなかった理由は、一に東方正教会が「ブラフ」の宗教と理解され、それゆえに「三民族」からなる議会に代表をもちえなかったことにあると考えられるのである。こうした議会参加者の特権としての「受容」の性格は、「四つの受容された宗派」という語句が侯就任時の宣誓にとり入れられ、他の諸特権と並び保障されるようになっていることからもうかがわれる。(63)

第二に、しかしながら、こうした法制上の「信教の自由」は「領民の信仰選択権」自体を明確に否定していたわけではない。村落・市場町の「信仰選択権」については、明確な規定が欠如していたのであって、議会レベルでなんらかの統一的な制限が加えられたわけではなかったのである。これは、必ずしも自明ゆえの省略とはみなしえない。法文中に法令違反者の処罰手段について具体的な規定がほとんどみられなかったことからしても、議会は各地域内部の宗教問題にまで踏み込む意図も能力も、もちあわせていなかったと考えるのが妥当ではないだろうか。現実の「信仰選択権」のあり方は、法令に直接規定されることなく、この国家を構成したもろもろの政治単位内部の身分的、社会的構成の相違に応じてむしろ多様であったと考えられる。例えば、ドーシュの指摘した、宗教の自由に関する「支配者の信仰選択権」原則は、彼が主たる研究対象とした「サース人の地」にはある程度妥当した。(64) 一五四〇年代後半には「サース人の地」の諸都市は相次いで宗教改革の導入を決定しており、諸都市参事会の代表からなるサース人集会「ウニベルジテート Universitas Saxonum」も全「サース人の地」の改革導入を決定し、巡察を実施して信仰統一を図っている。しかし一方で、ルーマニアのハンガリー系研究者ユハースは一七世紀のフォガラシュ城領をとりあげ、実際の多宗派共存状況を明らかにしている。(65) それによれば、侯国南部に位置したフォガラシュ城領では、都市内のみならず領域内の村落においても宗派的一体性は存在せず、福音派、改革派、東方正教会の信徒が混住していた。そこではもろもろの不平等が存在したものの、領主による他宗派住民への改宗強制は行われなかったという。したがって、実際の適用という点についてみれば、諸法令は侯国内諸地域の支配構造の多様性を前提に、宗派の相違から生じるさまざまな対立を防ぐための最低限の原則を定めたのみであったと考えられる。

（1）　侯 princeps, fejedelem の称号は、ハプスブルク家とサポヤイ家のハンガリー王位継承争いが一応の終結をみたシュパイヤー協定(一五七〇年)で初めて使用された。その後も、ヤーノシュ・ジグモンド János Zsigmond が「ハンガリー王」を用い、また一五七一年に侯に選出されたバートリ・イシュトヴァーン Báthory István がポーランド王就任前まで「ヴァイダ vajda」を用いるなど、称号の使用は安定していない。ここでは煩雑さを避けるために、一五四一年以後のトランシルヴァニアの首長をすべて侯と表記する。

（2）　Approbatae constitutiones regni Transsylvaniae et partium eidem adnexae, 1653, in Márkus Dezső (ed.), *CJH. 1540–1848 évi erdélyi törvények* (Budapest, 1900), Pars 1. Titulus 1. Articulus 2.

(3) 例えば、Approbatae に収録されたラーコーツィ・ジェルジ一世 I. Rákóczi György の即位誓約(一六三〇年)には次のような条項がみられる。

「第五項　余は四つの受容された宗派とその自由な活動において全ての者を分け隔てなく保護し、他の者たちによっても保護させ、ある宗派に属する教会に強権的に振る舞うことはせず…」(Approbatae, Pars 2. Titulus 1. Articulus 5.)

即位誓約は、バートリ・クリシュトーフ侯就任(一五七六年)以後、慣習的に義務づけられた。これら誓約はハンガリー王国の諸特権や慣習、議会決議の遵守を謳っており、「侯協約 Conditiones Principis」として侯国法源の一部をなした。Andor Csizmadia, Kálmán Kovács, László Asztalos, *Magyar állam- és jogtörténet* (Budapest, 1972), 267; Krista Zach, 'Fürst, Landtag und Stände. Die verfassungsrechtliche Frage in Siebenbürgen im 16. und 17. Jahrhundert', *Ungarn-Jahrbuch* 11 (1979), 75-76, 79-80.

一六三〇年から諸身分側の誓約も義務化されたが、「受容された宗派」という言葉はその冒頭でも表明されている。

「われ、某は父にして子にして聖霊、すなわち三位一体なる神聖な神に誓う。この国における四つの受容された宗派の維持に全力を尽くし、抑圧によって自らの宗派の伸張を望むことは一度たりともなく…」(Approbatae, Pars 3, Titulus 1, Articulus 1.)。

(4)『レオポルド勅書』の『宗教問題に関する補遺』(Diploma suppletorium de negotio religionis, 1693) には次のような表現がみられる。「トランシルヴァニアでその自由な活動、特権、財産、資産において受容された四つの宗派は現在もそれらを享受し…」。Georg D. Teutsch (ed.), *Urkundenbuch der evangelischen Landeskirche A.B. in Siebenbürgen*. Bd.1 (Hermannstadt, 1862), 344.

(5) 例えば、グッキスベルクは、一六世紀の段階で広範な「信教の自由」が法的に保障されていた点を重視し、ポーランドとトランシルヴァニアにはアウクスブルク宗教平和やナント勅令の自由、あるいはオランダ共和国の宗教的寛容を上回る、当時のヨーロッパで最高レベルの「信教の自由」が存在していたとしている。Hans R. Guggisberg, 'The Defense of Religious Toleration and Religious Liberty in Early Modern Europe. Arguments, Pressures and Some Consequences', *History of European Ideas* 4-1 (1983), 43-46. その他、H・カメン(成瀬治訳)『寛容思想の系譜』平凡社、一九七〇年、二六三―二六五頁、デーヴィド・B・パーク(紺野義継訳)『ユニテリアン思想の歴史』アポロン社、一九七八年、四一―四七頁、などがトランシルヴァニアの宗教的寛容に言及している。また、社会主義体制下のハンガリーでは、加熱する領土・民族問題の議論へのオルタナティヴとしてトランシルヴァニアの宗教的寛容の伝統が評価された。家田修「ハンガリーに見る歴史の断絶と連続――カーダールとイッエーシュの五六年事件論を手掛かりとして」『東欧史研究』一三号(一九九〇年)、七六―八八頁。

(6)　Sándor Gagyi, *Erdélyi vallásszabadsága. A mohácsi vésztől Báthori Istvánig* (Budapest, 1912); Miklós Endes, *Erdélyi három nemzet és négy vallás autonomiájának törtenete* (Budapest, 1935) など。ハンガリーにおけるトランシルヴァニア宗教改革史研究の停滞の原因として、次の二点を考えることができる。第一に、ルーマニアへの政治的配慮からトランシルヴァニア史研究そのものが長らく手控えられていたという事情がある。トランシルヴァニアの歴史的位置づけをめぐる両国の対立は、ハンガリー科学アカデミー版『トランシルヴァニア史』の出版により表面化した。Béla Köpeczi (ed.), *Erdély története.* vol. 1–3. (Budapest, 1986). 同書出版前後の研究状況については、László Péter (ed.), *Historians and the History of Transylvania* (Colombia UP, 1992) 所収の諸論文を参照されたい。

第二に、ハンガリーの宗教改革研究の問題があり、これに関してグレットラーは、一九世紀的なデータ収集と事件史的記述の状況を乗り越える方法論が欠如していたことを指摘している。Monika Glettler, 'Probleme und Aspekte der Reformation in Ungarn', *Ungarn-Jahrbuch* 10 (1979), 225–239. ツァッハは同様のことがトランシルヴァニアについてもあてはまり、宗教的寛容の研究も個別宗派の思想的問題としてのみ扱われがちだったとしている。Krista Zach, 'Zur Geschichte der Konfessionen in Siebenbürgen im 16. bis 18. Jahrhundert', *Südostdeutsches Archiv* 24/25 (1981/82), 54–55.

(7)　ルーマニアのドイツ系研究者やドイツ人研究者によるサース人の宗教改革に関する研究は一定の蓄積をもつが、トランシルヴァニア全体を扱った研究はわずかである。ドイツでは *Evangerische Diaspora* 誌上でのフィリッピとホイッシの論争以後、散発的ではあるがトランシルヴァニアの宗教的寛容がとりあげられてきた。Paul Philippi, 'Reformation in Türkennot', *Evangerische Diaspora* 25 (1954), 92–98; id., 'Gründsätzliches und Historisches über die Anfänge der religiösen Feiheit in England und Siebenbürgen', *Evangerische Diaspora* 26 (1955), 107–108; Karl Heussi, 'Über die Anfänge der religiösen Toleranz in Europa und Siebenbürgen', *Evangerische Diaspora* 26 (1955), 67–70; Ekkehard Völkl, 'Möglichkeiten und Grenzen der konfessionellen Toleranz dargestellt am Beispiel Siebenbürgens im 16. Jahrhundert', *Ungarn-Jahrbuch* 4 (1972), 46–60; Paul Philippi, 'Staatliche Einheit und gesellschaftliche Pluralität in der Religionsgesetzgebung des Fürstentums Siebenbürgen', *Heidelberger Jahrbücher* 18 (1974), 50–65; László Révész, 'Die Entwicklung der konfessionellen Toleranz in Siebenbürgen', *Ungarn-Jahrbuch* 12 (1982/83), 109–132; Walter Daugsch, 'Toleranz im Fürstentum Siebenbürgen', *Kirche im Osten* 26 (1983),

35-72.

(8) Gagyi, *Erdélyi vallásszabadsága.*

(9) Ludwig Binder, *Grundlagen und Formen der Toleranz in Siebenbürgen bis zur Mitte des 17. Jahrhunderts* (Köln/Wien, 1976)

(10) Daugsch, 'Toleranz im Fürstentum', 65-71.

(11) Mihály Balázs, '„A hit...hallásból lészön." Megjegyzések a négy bevett vallás intézményesüléséhez a 16. századi Erdélyben', in Pál Fodor, Géza Pálffy, István György Tóth (eds.), *Tanulmányok Szakály Ferenc emlékére* (Budapest, 2002), 51-73. バルタはトランシルヴァニア史概説などで宗教的寛容の実態を経済的発展との関わりで論じる試みを行ったが、その法令解釈自体に目新しさはない。Gábor Barta, 'Gazdaság, társadalom és kultúra az új államban', in Köpeczi (ed.), *Erdély története*, vol. 1., 459-482; Gábor Barta, 'Bedingungsfactoren zur Entstehung religiöser Toleranz im Siebenbürgen des 16. Jahrhunderts', in Georg und Renate Weber (eds.), *Luther und Siebenbürgen. Ausstrahlungen von Reformation und Humanismus nach Südosteuropa* (Köln/Wien, 1985), 229-241. なお、これに対してはバルツァの論評をも参照されたい。József Barcza, 'Peregrináció, vallási türelem', in István Rácz (ed.), *Tanulmányok Erdély történetéről* (Debrecen, 1988), 101-102.

(12) トランシルヴァニア侯国の議会では議会と侯の双方から法案が提出された。議事日誌等が作成されなかったため各法令に関して議案提出者を正確に特定することは難しいが、法文中にみられる若干の語句からおおよその傾向をつかむことは可能である。議会での諸問題の議論における侯と諸身分の主導権について考察したものとして、Zsolt Trócsányi, *Az erdélyi fejedelemség korának országgyűlései. Adalék az erdélyi rendiség történetéhez* (Budapest, 1976), 180-208.

(13) Sándor Szilágyi (ed.), *Monumenta Comitialia Regni Transylvaniae. Erdélyi Országgyűlési Emlékek*, vol. 1-21 (Budapest, 1875-1898). この他、Georg D. Teutsch (ed.), *Urkundenbuch der evangelischen Landeskirche* にも宗教問題関連の法令が収録されており、ビンダーなどドイツ語を母語とする研究者の多くはこちらを使用している。そこには一五六五年のハンガリー語による立法開始以後についてドイツ語による訳文が収められており、それらも適宜参照した。なお、宗教問題関連の法令としては教会財産や十分の一税についての規定も考慮するべきであるが、ここでは宗派の承認問題に直接関わる法令のみに対象を限定する。

(14) 福音派（いわゆるルター派）、改革派（いわゆるカルヴァン派）、ユニテリアン派等の名称が一六世紀の法令中にみられるわけではない。教義の確定や教会組織の確立状況からして、この時期にこれらの名称を用いることが不適当でさえある場合もあるが、本書では混乱を避けるため、これらの名称を用いている。

(15) 一五二三年五月の法令(第五四条)、一五二四年三月の法令(第四条)。Gagyi, *Erdélyi vallásszabadsága*, 21–22.

(16) Ibid., 27–28; Binder, *Grundlagen und Formen der Toleranz*, 24–25.

(17) 侯国議会の成立年代に関しては研究者間に見解の相違がみられる。ツァッハは一五四二年三月にトルダで開かれた集会でかつての「三民族同盟」が刷新され、各「民族」七名の代表からなる顧問会議 fejedelem tanács の設置が決定されたことを理由に、この集会をのちの侯国国制に基礎をすえたものとして評価している。Zach, 'Fürst, Landtag und Stände', 63–90. 一方、マッカイやバルタは一五四三年から四四年にかけて「三民族」の集会にティサ東部地域の八つの県の代表が召集されたことの意義を重視し、これを議会の開始点としている。László Makkai, 'The Crown and the Diets of Hungary and Transylvania in the Sixteenth Century', in Robert J. W. Evans, T. V. Thomas (eds.), *Crown, Church and Estates. Central European Politics in the Sixteenth and Seventeenth Centuries* (Oxford UP, 1991), 88; Gábor Barta, 'Siebenbürgen im Königreich Ungarn. 997–1690', in *Etudes Historiques Hongroises 1990* (Budapest, 1990), 88. なお、ハンガリー王国内部の領域集会から侯国期およびハプスブルク統治期の議会までのトランシルヴァニアの集会全般を俯瞰したものとして、Andor Csizmadia, 'Les Congrégations générales et les diètes en Transylvanie', *Acta Juridica Academiae Scientiarum Hungaricae* 21 (1979), 217–240 が有益である。

(18) *EOE* vol. 1., 218, 238, 382–383, 411–412, 527–528, 539–540; *EOE* vol. 2., 78, 218, 223–224. ただし、改革派などとともに言及されているものは除く。

(19) *EOE* vol. 1., 218.

(20) *EOE* vol. 2., 78.

(21) *EOE* vol. 2., 218.

(22) *EOE* vol. 1., 411–412; *EOE* vol. 2., 98.

(23) *EOE* vol. 1., 382–383, 411–412, 527–528, 539–540.

(24) 本文中で挙げたもののほか、セーケイヴァーシャールヘイに関する一五五二年の決議とカランシェベシュに関する一五六四年の決議がある。

「セーケイヴァーシャールヘイの市場町の住民に関する限り…福音の信仰を聞き、習いたいと思うすべての人々に次のことが許されるべし。すなわち、最近の諸法令で確保された如く、聖エルジェーベト教会に彼らの説教者をおくこと、またキリストの聖書の全てが説教され、全ての儀式が福音に基づき実行され、サクラメントが施されることが許されるべし」(*EOE* vol.1., 412)。

「カランシェベシュ地区の儀式において聖書が告げ知らされ始めており、ローマ教会と福音派の識者の間に意見の相違が生じてきているので…一日はローマの、他の一日は福音派の宗派が、同一の教会において神の言葉を告げ、司牧活動や儀式を実施するように。いずれか一方の党派が、他方の党派の日時にその集会での熱心な司牧活動や聖餐式の執行を妨げ、不法行為を行い、あるいは何らかの方法で阻止することを望めば、かつて定められた古き法令の下に罰せられる」(EOE vol. 2., 224)。

(25) Binder, *Grundlagen und Formen der Toleranz*, 50, 54.

(26) 本章註(24)に挙げた両法令をも参照。

(27) *EOE* vol. 2., 78, 98, 187, 218, 226–227, 231–232, 326.

(28) *EOE* vol. 2., 78.

(29) *EOE* vol. 2., 187.

(30) *EOE* vol. 2., 231–232.

(31) Binder, *Grundlagen und Formen der Toleranz*, 54–55, 61–65.

(32) 一五六一年にメジェシュで、一五六四年にエニェドでそれぞれ開催された。会議における両者の見解の相違については、ibid., 79–81, 82–87.

(33) Teutsch (ed.), *Urkundenbuch der evangelischen Landeskirche*, 102–103.

(34) *EOE* vol. 2., 343.

(35) *EOE* vol. 2., 374.

(36) 「神の贈物」としての信仰とはエペソ書二：八からの引用であり、当時の改革者がしばしば引用した表現であった。この表現は翌年のヴァーラド宗教討論会において、国王自身によっても繰り返されたという。Earl M. Wilbur, *A History of Unitarianism in Transylvania, England and America* (Cambridge, Mass. 1952), 38, 40.

(37) *EOE* vol. 2., 368.

（38）　福音派の最初の監督は一五五三年にサース人居住区の教会に設置され、パウル・ヴィーネルが就任した。その他、一五五四年にサース人居住区以外の旧トランシルヴァニア司教区を管轄する監督が、一五四九年に旧トランシルヴァニア司教区以外の地区を管轄する監督が設置され、それぞれに修道士タマーシュとゲンツィ・マーテーが就任した。改革派の浸透後はサース人居住区以外の福音派監督が廃され、コロジュヴァールとデブレツェンに改革派監督が設置された。なおそれぞれの初代監督にはダーヴィド・フェレンツとカールマーンチェヒ・シャンタ・マールトンが就任している。Köpeczi (ed.), *Erdély története.* vol. 1., 472, 479–481.

（39）　この時期にトランシルヴァニアで反三位一体説を説いた人々の思想と活動については、Antal Pirnát, *Die Ideologie der Siebenbürger Antitrinitarier in den 1570-er Jahren* (Budapest, 1961)

（40）　この討論の内容は次のものに比較的詳しく紹介されている。A. Sándor Unghváry, *The Hungarian Protestant Reformation in the Sixteenth Century under the Ottoman Impact. Essays and Profiles* (New York, 1989), 343–355

（41）　したがって、先に引用した一五七〇年の決議⑨は他の集団を扱ったものとみなされる。ガジやゾヴァーニ、バラージュらはこれを再洗礼派と考えた。Sándor Gagyi, *Erdélyi vallásszabadsága*, 89–90; Jenő Zoványi, *A magyarországi protestantizmus 1565-től 1600-ig* (Budapest, 1977), 304; Balázs, 'Megjegyzések', 57.

（42）　*EOE* vol. 2., 302–303.

（43）　*EOE* vol. 2., 326–327.

（44）　オスマン帝国軍進攻の混乱のなかで空位となっていたトランシルヴァニア司教区の収入は、一五四四年に国庫に収用された。Daugsch, 'Toleranz', 50–51. カトリック教会の財産の没収が最終的に確定されるのは一五五六年一一月二五日の議会決議においてである。

「司教、聖堂参事会、修道院、司祭長、その他の聖職者の財産は誰から没収されたものであれ、それらに返却されることのないように。…そうして国庫とその窮乏のためにわれわれとわれわれの国王陛下の権威により用立てられるように」（*EOE* vol. 2., 64）。

（45）　*EOE* vol. 1., 223.

（46）　Krista Zach, *Orthodoxe Kirche und rumänisches Volksbewußtsein im 15. bis 18. Jahrhundert* (Wiesbaden, 1977), 167–169.

（47）　*EOE* vol. 2., 341, 365, 379.

(48) バートリ・イシュトヴァーンの宗教政策に関しては、Walter Daugsch, 'Gegenreformation und protestantische Konfessionsbildung in Siebenbürgen zur Zeit Stephan Báthorys. 1571–1584', in Weber (eds.), *Luther und Siebenbürgen*, 215–228.

(49) *EOE* vol. 2., 528.

(50) *EOE* vol. 2., 540–541.

(51) *EOE* vol. 3., 240.

(52) *EOE* 中にはバートリ・イシュトヴァーンの生前に一〇件確認できる。*EOE* vol. 2.., 528, 534, 540–541, 575–576; *EOE* vol. 3., 122, 125, 142, 179, 203, 213.

(53) *EOE* vol. 2., 577.

(54) *EOE* vol. 3., 122–123. なおこれについては、前年にも同様の法令がみられる。*EOE* vol. 3., 108.

(55) その後、ダーヴィド自身は他の反三位一体説支持者たちと決裂し、革新者として扱われたが、ユニテリアン派自体は以後宗派としての確立をみる。ダーヴィドの聖職剝奪および逮捕の命令が侯により出されるのは一五七九年三月二八日。Pirnát, *Die Ideologie der Siebenbürger Antitrinitarier*, 177.

(56) *EOE* vol. 2., 507.

(57) *EOE* vol. 3., 144.

(58) *EOE* vol. 3., 157.

(59) *EOE* vol. 3., 239–240.

(60) バートリ・イシュトヴァーンによるイエズス会招致の計画は侯就任直後から画策されており、一五七六年にはウィーンからの招致を試み失敗している。しかし、同年ポーランド王に選出されるとポーランドからの招致が企てられ、一五七九年にはコロジュヴァールにイエズス会学院が設置された。Daugsch, 'Toleranz im Fürstentum', 52–54; Gabriel Adriányi, 'Polnische Einflüsse auf Reformation und Gegenreformation in Ungarn', *Ungarn-Jahrbuch* 4 (1972), 66–69.

(61) Zach, *Orthodoxe Kirche*, 169–179; Köpeczi (ed.), *Erdély története*. vol.1., 497–498. なお、これについては *EOE* 中に該当する法令はなく、典拠をみつけることができなかった。

(62) 侯国議会の参加者については、その宗派別構成はもちろん身分別、民族別の成員比率も正確には特定できない。のちに個人的に招集を受けるレガリシュタとして福音派・改革派の監督の議席が恒常的に確保されるようになったが、カトリックの代表であった副司教がレガリシュタとして招集されることは稀だった。Csizmadia, 'Les Congrégations générales', 232–233; Trócsányi, *Az erdélyi fejedelemség*, 26–27.

「民族(ナティオ)」区単位で招集された代表者の数は一定ではなく、その具体的な内訳もほとんどわかっていない。本書で扱った時期においておおよその全体構成がわかるのは、ヤーノシュ・ジグモンド死後の侯選出議会(一五七一年五月)というやや特殊な議会のみである。そこではトランシルヴァニアおよびパルティウムの諸県からそれぞれ一〇名、セーケイ人の「座」から各一〇人、サース人の「座」「管区」からそれぞれ六人の代表派遣が定められており、かなりの程度で各「民族」の利害が代弁されえたことが推測される。Ibid., 24–33; *EOE* vol. 2., 385.

(63)　本章註(3)参照。

(64)　Walter Daugsch, 'Die Nationsuniversität der siebenbürger Sachsen im 16. und 17. Jahrhundert', in Wolfgang Kessler (ed.), *Gruppenautonomie in Siebenbürgen* (Köln/Wien, 1990), 179–216.

(65)　István Juhász, 'Az erdélyi egyházak 17. századi együttélésének kérdései a fogarasi vártartmányban', *RGy* 4–5 (1984/85), 9–27.

第三章　治安・平和維持の構想

これまでにみてきた宗教関連諸法は、国王によるカトリック巻き返しの試みや国内の宗派分裂状況に対応することを一義的目的としたものではあったが、信仰を異にする領主と領民の間に生じうる摩擦・対立についての議論の跡も随所にみられた。この点に関する法令制定者の立場は、身分ごとの「信仰選択権」の有無を確定しようとするのではなく、村落・市場町の役割に一定の配慮を示しつつ、既存の慣行を尊重するというものだった。このような村落・市場町の役割への配慮は、本章で検討する治安・平和維持に関する諸法律にもみることができる。

モハーチの戦いに続く戦乱と国家分裂は、中世以来の治安・平和維持のあり方に大きな変化をもたらした。中世ハンガリー王国では、アンジュー朝期に国王裁判制度が本格的に展開した。家産的国家観の衰退を受け公法的基礎づけにより王権を強化しようと目論むアンジュー家の諸国王は、中央の裁判制度を拡充し、貴族の私領域をも王国の司法体系の末端に位置づけ、王国の秩序維持の監督者として自らを位置づけたとされる。領主裁判や都市裁判、貴族州裁判はそれぞれ国王裁判との分轄や上訴関係のなかに位置づけられ、王国の秩序は国王と貴族が協力して維持すべき課題と認識されていったとされるのである。(1) 国王裁判制度の整備と中央・地方の位階を伴った裁判制度は、一五世紀のマーチャーシュ王期に一層の発展をみせ、王室法廷と国王法廷、副王法廷からなる国王裁判制度と貴族州法廷や領主法廷、都市法廷などの地方裁判制度が展開していた。

一六世紀半ば以降の政治分裂は、こうした中央の裁判制度の崩壊をもたらした。政治分裂により中央の国王裁判制度から切り離されたオスマン朝直轄支配領域とトランシルヴァニア侯国では、旧来の裁判制度を部分的に継承しつつも、それぞれ別個の裁判体系の成立をみた。またハプスブルク家のフェルディナーンド一世を君主に選んだハンガリー王国では、国王が恒常的に国内に不在という状況が生じ、中央の裁判が機能不全に陥っていた。この時期、国王裁判制度としては国王法廷と副王法廷が残ったものの、一七世紀後半の五〇年間にそこで裁かれた案件は一件も確認されておらず、中央は地方の諸裁判を監督することすらなくなっていた(2)。その一方で、紛争解決や秩序破壊などの裁判案件は一層増大していた。戦乱と社会不安を背景に多くの貴族や農民は住みなれた町や村をあとにより安全な地方に移動し、あるいは軍隊や盗賊の生活に身を投じたため、地域社会ではそれまで以上に対立や紛争が生じやすい状況となっていた。このような中央における裁判機能の低下と地方における治安悪化に直面し、各地域の住民は既存の制度を再編し、あるいは新たな制度を作り上げることにより対応を模索しなければならなくなっていたと考えられる。

本章では、王国議会と貴族州集会がこの平和と治安の維持という課題にどのような答えをだし、またそのなかで村落・市場町をどのように位置づけたかを検討することにする。その際、領主と村落・市場町の位置づけに焦点を絞るという本書の課題に照らし、貴族州の役割については部分的に触れるに止めることにする(3)。また貴族州集会の決定に関しても、ハンガリー全地域の動向を包括的に検討するのではなく、三国が接する地理的条件のため、治安維持がとりわけ切実な課題となっていたと考えられる北東部諸州に素材を求めることにしたい。論述の手順としては、まず一において領主裁判に関する諸法規を検討しながら治安維持における領主の位置づけをみたあと、二において町村裁判や農民州といった村落・市場町を基盤とした裁判・治安維持制度をとりあげ、検討をすすめることにしたい。

一　領主裁判と所領の治安維持

領主裁判は近世東中欧の領主支配の象徴とみなされてきた制度である。一五、一六世紀の交からこの地域では農民の移転禁止や賦役日数増加など領主・農民関係再編の動きがみられたが、領主裁判はそうした関係を強化するための挺子となった制度とされてきたのである。(4) 領主裁判を領主制強化の機関とする視角は、ハンガリーでは、エックハルトとヴァルガの研究により一九五〇年代に確立された。(5) 彼らは、ハンガリー北部・西部地域の貴族家系文書を体系的に調査し、大貴族所領で領主を主宰者とする裁判が広く行われていたことを初めて具体的に示した。刑事裁判の記録を中心とした分析のなかで、エックハルトが繰り返し強調したのは、近世領主裁判の絶対的、排他的性格であった。彼は、近世の領主裁判が領主の私事に属する事柄とみなされ、外部権力による介入の余地はほとんどなかったこと、また所領内では農民自治の支柱であった町村裁判が無力化され、あるいは初級審として領主の監督下におかれたことを、さまざまな角度から主張していった。一方、エックハルトと共同して史料の調査・研究を行ったヴァルガは、エックハルトの説明に次の点をつけ加えた。すなわち、領主裁判には、民事事件を扱う「下級裁判」ないし「四季裁判」(下級役人が主宰)と、その上訴法廷にして刑事事件をも扱う「上級裁判」(上級役人ないし領主が主宰)の二種類が存在したこと、そしておそらくは裁判記録を残さなかった中小の貴族も「下級裁判」を主宰し、幅広い領域で裁判権を行使していたことである。

さらに、エックハルトとヴァルガの両者は、このような領主裁判の目的と機能を「農民抑圧と搾取、領主側で始まった資本蓄積」に求めた。領主裁判は、一六世紀までは主に罰金徴収を通じて直接的に貨幣を調達するために用いられ、その後は地代訴訟等によって土地や労働力を集積するために効果的に用いられるようになったとされた。さらにこの法廷は、領主への背信行為を処罰することを通じて「領主階級によるイデオロギー統制」機関としても機能するようになったと論じられたのである。

このように領主裁判を領主制強化という文脈において把握する立場は、近年では「社会的紀律化」[6]という視角から補強されている。都市参事会や領邦君主が実施した刑事裁判が被治者を内面的に紀律化し、統治に適した臣民をつくりあげる際に果した役割については、すでに多くの研究者が注目してきた。[7]こうした動向を受け、オーストリアの歴史家ヴィンケルバウアーは、一六、一七世紀のオーストリアやチェコの大領主所領に素材をとり、裁判を通じて領民生活に全面的に介入しようとする領主の姿を描いたのであった。[8]そこでは、古くからの紛争解決手段であった村民同士の「内々の和解」が禁止され、領主が処罰の手段を独占して領民への紀律化を推し進めていくというストーリーが、領主の所領役人へ向けた指示書や裁判史料に基づきながら示された。彼はこのような領主による裁判権独占の過程を「法制化」と呼び、信仰の力を利用して領民の内面的統制を図る「宗派化」の動きと並んで「社会的紀律化」に重要な役割を果した現象として提示したのであった。

以上のような領民支配の側面を強調した領主裁判理解は、これからみるように、必ずしもハンガリー地域社会の実情に適した説明とはいえない。領主支配の性格について再検討が進められつつある現在、領主裁判についても新たにその位置づけをみなおしておく必要があると考えられる。[9]

領主裁判への言及は中世の諸法令にもみられるが、[10]その制度や活動内容に関する具体的な言及が現れるのは、一六、一七世紀に作成された慣習法集成書や王国議会が制定した王国法、各地の貴族州が定めた州条令であった。[11]ここではこれら諸法規における領主裁判への言及をできるかぎり包括的に検討し、諸法規の制定者たちの領主裁判に関する理解を明らかにしていきたい。以下、一六世紀初めに編纂された慣習法集成書、一六、一七世紀の王国法、貴族州条令の順にみていく。

『三部法書』[12]

『三部法書』は、王国の慣習法と裁判手続きを示す手引書として、国王法廷大法官ヴェルベーツィ・イシュトヴァーンにより編纂され、一五一四年に議会で承認された。議会での承認後に貴族州への通達がなされないなど、正規の王国法制定の手続きがとられなかったため、厳密には王国法とはならなかったが、一五一七年の出版以後に多くの版を重ね、王国法に準ずる効力をもつものとして一九世紀に至るまで法廷の場で引用・参照され続けた。[13]この『三部法書』の特徴として、ヴェルベーツィの政治的立場を反映して中小貴族の利害が重視されたこと、[14]また農民戦争の鎮圧直後に完成されたため農民の権利を極端に制限した規定が含まれていることなどが挙げられる。

確かに、裁判に関しても、農民が貴族を相手どり裁判を開始することが禁止されるなど(第三部三二条)[15]、貴族と農民の身分的差異を明確に示す記述が随所にみられる。しかし、領主裁判は身分的差異を固定・強化する機関としてのみ位置づけられたわけではない。それはむしろ、領民に対する支配と統治者としての義務という両面性を帯びたものとして描かれているといえる。

領主裁判制度に直接触れた箇所は第三部の五つの条文(二五、二六、二七、三二、三五条)である。そのうち以下に要約を記す三つの条文が、領主裁判と農民について定めている。

①第三部第二五条、「農民身分 jobagiones と呼ばれる村民 villani の地位と法について」:一五一四年の農民戦争への参加のため、農民はこれまで享受してきた移転の自由を失い、「領主への完全かつ世襲の隷属状態におかれる」(二項)。「古くから王国で受けいれられてきた法と慣習に則り、(明らかに教会に属する事柄を除いて)

いかなる理由があっても彼らをただちに王国判事 judex ordinarius や主席司祭補判事 judex vicarius などの教会判事、貴族州長官の法廷に召喚することはできない。世俗領・聖界領を問わず、原告・被告に法と正義を執行する義務は、領主にあるからである」(三項)。原告ないし被告が領主裁判の判決に不服をもったならば、「教会に属する問題は主席司祭と主席司祭補の法廷に、世俗の問題は州長官と州判事に移送すべし」(四―五項)。「その件が領主のもとに差し戻されれば、一人ないし二人の州判事臨席のもとに再審を行うべし」(六項)[16]。

②第三部第二六条、「農民身分に関してなされる裁判の方法について」:「全ての領主は、彼の農民と非貴族奉公人 familiares ignobilies[17] から被害を受け、権利を侵害され、その者に不満を抱く者から要請や訴えがあった場合、ただちに法と正義を執行する義務を負うことを知るべし」(一、二項)。「貴族 nobiles や領主 possessionatus homo が国王法廷や州法廷に召喚されれば、自ら出廷し、農民身分や奉公人を法廷に立たせるべし」。領主が出廷しない場合には、領主・農民の双方に罰金が科されるべし(四項)。農民が重罪を犯したにもかかわらずその領主が裁判を拒み、事件が国王法廷で裁かれた場合には、貴族・領主と農民身分・奉公人がともに死刑と財産没収刑を受けるべし(五項)。また、農民が軽犯罪を犯して州法廷で裁かれた場合には、原告と判事に支払うべき一〇〇フォリントを領主から、また原告へ支払うべき四〇フォリントを農民身分や奉公人から徴収するべし(六項)。これに対し、貴族が出廷し、原告の訴えに応じた裁判の開催を約束すれば、「彼自身かその役人、村長が〔被告である〕農民・奉公人の住む場所で〔王国・州〕判事の指定した期日内に法と正義を執行する義務を負う。その際には、領地が帰属する州から一、二人の州判事の臨席を得るべし」(七項)[18]。

③第三部第三五条、「裁判移送と移送文書について」:「農民の行為について領主の面前で裁判が行われ、その判決に不服な裁判当事者が上訴を望んだ場合、〔事件は〕まず、州長官と州副官および州判事の法廷へと移送さ

れるべし。さらに、もし、裁判当事者の一方が〔州法廷の判決にも〕不満であれば、〔事件は〕国王法廷へと移送されるべし」（一項）。[19]

①では、領内の農民に関する領主の裁判権が農民移転禁止と結びつけられ、明記された。農民反乱への報復措置の一環として、農民に関する初審は領主が行い、国王や教会ないし貴族州はこれに介入できないことが確認されたのである。もっとも、①の後半部分や③にみられるように、領主裁判の裁定を不満とする裁判当事者には州法廷、さらには国王法廷に上訴する可能性も残されていた。したがって、少なくとも法的には領主の農民に対する裁判権が排他的であったとはいえない。農民には、領主法廷から州や教会の法廷、さらには国王法廷に上訴する可能性が残されており、領主自身の恣意的な裁判行為はある程度制限されていたのである。領主の恣意に対する牽制は、「一、二人の州判事の臨席」について定めた箇所にもみることができる。

このような領主裁判権は領主にとっては負担でもあったと考えられる。というのも、領主には自らの領民が犯した犯罪を裁く義務があり、こうした裁判が人的、経済的な負担を伴うものだったことは想像に難くないからである。また②で記されたように、裁判を怠る領主は農民とともに州法廷や国王法廷に出頭して罰金を支払い、さらに裁判自体を拒めば農民が犯した罪の大きさに応じて処罰すら受けなければならなかった。[20]

このように、大貴族と平貴族、世俗領主と聖界領主の別を問わず、全ての領主は領民についての裁判を行う権利と義務を有するとされた。もっとも、領主裁判権には高級裁判権を含むか否かという区別が存在しており、全ての領主が同様の権利と義務を負ったわけではなかった。高級裁判権の保持者とそうでない者の違いについては、次のような明確な規定がみられる。

④第三部第三二条、「州長官・特権貴族は秩序破壊者 publici malefactores をいかに処罰すべきか」:「悪事や不正をなした者の処罰と撲滅のための裁判について。国王特許状をもたない全ての平貴族や村落・市場町は、町村内部で捕縛・拘留したあらゆる盗人や強盗、その他の秩序破壊者を、その貴族が住み、その村落・市場町が属す州の州長官ないし州副官、州判事らに三日以内に引き渡す義務を負う」(序項)。「殺人犯や放火犯、強姦犯を現行犯逮捕し、あるいは犯行があった市場町や村落で逮捕した場合は、裁判特許状をもたない貴族、市場町、村落もその者を罰することができる」(二項)。一方、裁判特許状をもつ貴族は、自らの所領内で発見・捕縛した全ての犯罪者を処罰することができる(四項)。[21]

ここでは、殺人・放火などを犯した犯罪者に対して、高級裁判権 pallosjog, jus gradii(死刑執行権を含む裁判権)をもつ領主や貴族州が判決を下し、刑を執行することとされている。この規定において一部有力貴族のみが行使しえた高級裁判権の存在が明言され、平貴族や村落・市場町住民が犯人を捕縛・拘留した場合は、現行犯を除いて、州当局に引き渡すべきことが義務づけられたのであった。

ところで、以上にみた『三部法書』の領主裁判規定において、村落・市場町についても若干の言及がみられた点には注意しておきたい。②にみたように、農民が犯した犯罪の再審に際しては、領主や役人と並んで「村長」が裁判を実施するべき人物として言及された。また④では、現行犯の場合に限ってではあるが、重大事件における村落・市場町の裁判権についても明言されていた。二節で詳しく検討するが、こうした文言からは、一六世紀初頭の時点で領主と並んで村落・市場町が日常的に地域の秩序維持に参画し、場合によっては重大犯罪の処罰にも関与していた跡をみることができる。

王国法

次に、『三部法書』との異同に注意しつつ、その後に定められた王国法を検討する。王国法は、王国議会において国王ないし諸身分から提出された議案に基づき制定された。一六、一七世紀に制定された王国法を通覧してまず指摘できるのは、エックハルトも述べたように[22]、領主裁判の制度そのものについて扱った規定がほとんどみられないという事実である。わずかに確認できるのは、領主所領に居住する貴族身分の裁判籍に関する規定である。一六世紀末以降のハンガリーでは、軍事その他の奉仕により貴族身分を獲得する者が増加し、彼らに関する裁判が新たな問題として浮上していた。この問題に関し、一六四七年法令第二二条において、所領内に居住する貴族が領主裁判の管轄外におかれることが明言されたのであった[23]。これ以外に領主裁判制度に関する規定はみあたらないことから、一六、一七世紀を通じて制度面での本質的な変更は加えられなかったことが確認できる。

もっとも、この時期の王国法に領主裁判への言及がまったくみられないわけではない。領主裁判は、犯罪取締りと暴力事件に関する諸法令に、間接的ではあるが頻繁に登場するのである。そして、それら諸法令は、領主裁判に関して領主の治安維持者としての義務を繰り返し強調するものの、権利面について触れることはほとんどないという特徴をもっている。

具体的にみていくと、まず、領主一般の義務に触れた規定がいくつかみられる。そこでは、全ての領主が領民の犯したさまざまな犯罪に関し裁判を実施する義務を負うことが、繰り返し確認された。例えば、一六〇九年法令では、国王収入を侵した者（一六条）と暴力事件を犯した者（二九条）に関してそれぞれ次のような規定が設けられた。

⑤「領主や貴族に仕える奉公人 servitores や臣民 subditus が、こうした〔国王収入を損なう〕行為をした場合、

その者の領主や貴族が、〔当局の〕要請に応じ、十分かつ事実に則った裁判を行う義務を負うべし」（一六条二項）。「他方、〔犯行後も領地内に〕止まっている者に対し、領主が裁判の実施を望まない場合は、彼ら〔領主〕にも同様の法的処置がとられるべし」（一六条四項）[24]。

⑥「〔暴行や所領・城の占拠等の〕暴力事件に関連して、農民身分や非貴族奉公人に対してなんらかの苦情があった場合、州判事を介して提出された原告側の要求・要請に応じて、その農民身分にとっての領主あるいは領主役人ないし判事が、州判事と州参審人の前で法と正義を執行し、必要な処置を講ずる義務を負うべし」（二九条九項）。「〔領主が〕これを望まず、とり合おうとしない場合については、次の法が確認された。すなわち、州副官は、そのような領主や貴族、農民に対し、暴力と所領占拠に関して上記の諸条項で定められた略式の手続きと方法に基づき裁定する義務を負うべし。州副官は、その職権を有している」（二九条一〇項）[25]。

ここに特徴的にみられるように、『三部法書』と同様に王国法も、領民が犯した犯罪を領主が裁くべきことを強調し、それを怠る領主を処罰の対象とした。同様の規定が一六一三年法令第二三条、一六二五年法令第一三条、一六三八年法令第二七条、一六四七年法令第一四八条にも確認されることから[26]、ここにみた原則が長く有効であり続けていたことがうかがわれる。

領主の義務を強調する傾向は、とくに高級裁判権を付与された領主について頻繁に確認された。一六世紀末頃から、たび重なる戦争や傭兵軍の滞在が治安悪化の主要因と認識され、蔓延した悪人・掠奪者・追いはぎなどの追捕と処罰について、多くの規定が定められた。これら重大な犯罪に関して、貴族州と並んで高級裁判権を有する領主の責務が述べられたのである。

例えば、一六五五年法令第三八条では、強盗や悪事を犯した貴族やそれをかくまう軍隊長、司令官への対処とともに、犯罪者を捜査し処罰しない州役人と高級裁判権保持貴族、都市当局への対処が次のように定められた。

⑦「自由伯身分 liberi comites[27]、高級裁判権保持貴族、都市当局でありながら、罪人の逃亡を幇助し、庇護する者、彼らを罰しない者、自らの責務を省みず犯罪者の根絶を怠る者に対しては、州副官が〔…〕先の〔一六二五年法令〕第一三条とこれに関連した条文に則り、長期にわたる法的手続きを経ることなく処罰するべし」(一六五五年法令三八条三項)[28]。

このように、高級裁判権をもつ領主は、自らの領民の犯した罪を裁くのみでなく、強盗などの「秩序破壊者」を裁く責任をも課されていた。さらに、同条第五項では、高級裁判権保持貴族がこのような事件の犯人に恩赦を与えることの問題性が認識され、そうした行為が明確に禁止された。こうした規定からは、治安悪化を背景として、裁判権が、権利というよりもむしろ義務として認識されていた姿をみてとることができる。

貴族州条令

次に、貴族州集会で定められた条令を検討する。一六、一七世紀に中央の統合力が弱まりをみせるなか、貴族州自治は最盛期を迎えた。この時期に、各地の実情に即した州条令が数多く制定されたのだが、これら州条令のなかにもわずかながら領主裁判への言及が確認される。以下では、北東部諸州のうち比較的史料状況のよいボルショド州に対象を限定し、その特色をみておきたい。

ボルショド州では、最初の州条令が確認される一五七八年からオスマン朝が撤退する一六八〇年代半ばまでに一三〇件あまりの州条令が定められた。このなかに、裁判手続きや刑事・民事事件の裁定について四〇件ほどの規定が存在する。[29]その多くは州裁判に関するものであったが、領主裁判への言及も州裁判との関連で散見する。

ボルショド州では、州副官が「苦情を聞き、苦情が申し立てられた者を州集会に召喚する義務」を負い（一五七九年）[30]、「州全域のあらゆる市場町と村落、皇帝所領、州貴族所領において泥棒・強盗その他の悪事を働いたものを捜索・捕縛し、国の諸法令に則り処罰できる」（一六一四年）[31]とされていた。州副官は、農民移転関連問題や強盗・掠奪関連の事件において、州判事と州参審人の補佐を得て逮捕から裁判までの手続きを行う義務を負うとされたのである。領主裁判はこのような貴族州裁判を補完し、ときにはそれと競合する存在として条令中に現れる。

⑧「さきの王国議会で採択された法令の定めに則り[32]、州判事と州参審人は、領主が農民身分や奉公人に関して開く法廷に州あるいは州副官の指示を受けて出席することができる」（一六一一年）[33]。

⑨「農民身分と非貴族奉公人について〔…〕暴力事件が起った場合、領主が他州に居住するケースでは領主は一五日ないし適切な期間内に日時を定め、事件が発生した州の安全な場所で法を執行する義務を負う。一方、農民身分と非貴族奉公人の領主が当該州に居住するケースでは、彼らへの法執行要求がなされた日から一五日以内に裁判日を定める義務を負う」（一六一五年）[34]。

⑩「当州では追剝がかくも蔓延しているため、〔…〕州副官は職権により、大貴族や平貴族、聖職者の所領の別なく悪人を捕えることができることとする。もし悪人が当州の者であれば、州副官は領主に対し、その者についての裁判を要請する義務を負う。領主が裁判実施を約束すれば、州副官は囚人を領主に引き渡す義務を負う。

その際、州副官は悪人をかばう者がいかなる罰を科されるかについて忠告しなければならない。領主が裁判実施を約束しなかった場合には、囚人は州裁判にかけられる。〔…〕州副官には悪人に効果的に対処するための十分な下僚がいないので、州長官は貴族の援助を要請できる。貴族が正当な理由なくこれを拒めば、一フォリントまでの罰金を科すことができる」（一六二三年）。[35]

これらの州条令は、王国法と同様、領主の領民に関する裁判義務について述べている。その記述からは、治安悪化を背景に、領主裁判権が領主の領民に対する監督義務として重くのしかかっていた様子がうかがわれる。王国法との相違点としては、これら州条令に州と領主との緊張関係が明確に現れている点を指摘できるであろう。そこでは一方で、民事・刑事を問わず裁判はあくまでもまず領主に委ねるべきことが慎重に述べられ、他方で、州役人が貴族所領内への立入り捜索を行い、領主裁判に参加し、領主に対し捜査協力を要請する権利が明言されたのである。

以上に慣習法集成と王国法、州条令という異なるタイプの法規に現れた領主裁判の特徴を概観してきた。領主が領民に関して有した裁判権は、一四世紀以来、平貴族を含めた全ての領主に備わる特権とみなされていた。しかし、その特権の具体的内容が初めて明確に提示されたのは、『三部法書』においてであった。そして、この『三部法書』において、領主裁判権は権利と義務の両義性を帯びたものとして提示されたのであった。また、一六世紀半ば以降の治安悪化に対応した王国法や州条令のなかでは、とくに治安を維持する義務の側面が強調されるようになったことが確認された。それら諸法規において、領主裁判は州裁判と並んで地域の秩序維持の一翼を担う制度として位置づけられていたのである。このような近世の領主裁判権を、領民支配の道具としてのみ理解するエックハルトらの研究は、戦乱と治安悪化という歴史的文脈のなかに領主裁判権を位置づける視角を欠き、住民にとっての領主裁判権の存在意義を過小に評価していたように思われる。個々の領主の裁判主宰意図についてはなお検討の余地があるものの、少なくとも諸法規が定めた領主裁判の役割が所領や地域の秩序維持にあった点は正当に評価しなければならないと考えられる。

二　町村裁判と農民州

領主裁判は戦乱と治安悪化のなかで国や貴族州の治安維持制度の機能不全や未発達を補い、地域社会の秩序維持に寄与することが期待されていた。しかし、このような役割を担ったのは領主だけではなかった。これからみるように、農民もまた、治安維持のために既存の諸制度を強化し、あるいは新たな制度をつくり上げて治安維持に対応しなければならなかったのである。農民を基盤とした治安・秩序維持の制度については諸法規のなかに記載されることが少なく、わずかな法規定から得られる情報も断片的でしかないが、ここでは王国法や州条令その他の文書にあたりながら、可能な限り詳しくその位置づけをたどるよう試みてみたい。

さて、領主裁判に関して『三部法書』の条文を検討した際、農民の裁判に関する二つの異なる活動についての言及がみられた。あらためてその内容を確認しておけば、一点目は、第三部第二六条「農民身分に関してなされる裁判の方法について」という項であった。そこでは、農民に対する訴えがあった場合に領主かその役人、村長が被告の住む場所で州判事の指定した期日内に法と正義を執行する義務を負う、とされていた。つまり、農民がなんらかの問題を起した場合、その者が属する所領の領主のほかに村長が事件を裁くべきだとする原則が確認されていたのである。二点目は、第三部第三二条の「公的秩序の破壊者」の処罰に関する規定であり、そこでは「殺人犯や放火犯、強姦犯を現行犯逮捕し、あるいは犯行があった市場町や村落で逮捕した場合は、裁判特許状をもたない貴族、市場町、村落もその者を罰することができる」とあった。この二つの規定にみられる農民による裁判は、それぞれ町村裁判および農民州 parasztvármegye ないしザーピス zápisz という二つの制度として、その後の王国法や州条令のなかで姿を現すことになる。

二つの制度は、研究史上異なる文脈で扱われてきた。すでにみたように、近世の町村裁判はもっぱら領主裁判研究のなかで語られ、領主裁判の監督下におかれた初級審として位置づけられてきた。例えば、近世の村落自治の研究に先鞭をつけたサボーは、中世村落が領主権力や国家・貴族州等の公権力からの影響を受けずに自己裁量権を発揮できた領域として、共同財産・収入の管理および土地割替実施と並んで、村落内の共同生活における紛争解決を挙げた。そのうえで、一六、一七世紀はこうした村落自治の衰退の時代であり、他の分野と同じく裁判の分野でも領主の介入が著しく、ごく些細な問題までもが領主裁判の管轄とされていったと指摘したのであった[36]。また、エックハルトも、領主裁判史料の検討の過程で近世を通じて活動を続ける村落裁判の存在に気づいていた。しかし、彼も村落裁判は一六世紀末に著しくその権限を縮小させ、「すでに共同体の代表でなく領主の代理人と化した」村長が主宰した裁判は、一七世紀には「完全に領主裁判の監督下におかれていた」と主張している。このように、町村裁判はもっぱら領主との関係において語られてきたため、貴族州が町村裁判の活動に関して定めた条令も「領主裁判権と領主の金銭的利益を守る」ためのもの、という評価しか与えられてこなかった[37]。

一方、農民州については、農民の秩序維持に関する研究が低調であるなかで、例外的に一定の研究が蓄積されてきた[38]。とくに研究が集中したのは、農民の自律性が際立って発揮されたオスマン朝支配地域の農民州であり、その貴族州との関係であった。現在の研究の到達点を示すサカーイのモノグラフによれば、農民州ないしザーピスは、モハーチの戦い以後の数十年間に兵士や盗賊団による掠奪の横行に対応するため、農民が「自発的に」形成した広域的な治安維持制度であった。このうち農民州は、主に貴族州指導層が州外に退去したオスマン朝支配地域において、自ら役職者を選出して治安維持と裁判実施にあたり、自律的な秩序維持活動を展開した。一方、ザーピスは貴族州が活動を続けた北部地域にみられた治安維持制度であり、貴族州による直接の監督を受け、貴族が主要な役職を務める制度であったという。ただし、サカーイによれば、貴族州と農民州ないしザーピスの関係は周辺の政治情勢の影響を受けやすく、一八世紀にオスマン朝が撤退し、貴族州の影響力が強まると、全ての農民州は事実上ザーピスに変容したという(39)。

こうして町村裁判は領主と、また農民州は貴族州との関係で論じられてきたわけだが、地域の治安維持という観点からみた場合、町村裁判と農民州ないしザーピスは相補いながら、農民集団を基礎においた秩序維持制度の一環をなしていたと考えることもできるように思われる。以下では、農民を基盤とした治安維持の構想の全体像をみることを目的として、それぞれに期待された役割について諸法規を検討しながら整理していくことにしたい。

町村裁判

まず、町村裁判に関する王国法の規定からみていきたい。『三部法書』と同様の規定は、一七世紀の諸法令にもみることができる。

領主裁判の検討の際にみた一六〇九年法令第二九条では、暴力事件において農民身分に対してなんらかの苦情があった場合、「その農民身分にとっての領主あるいは領主役人ないし判事が、州判事と州参審人の前で法と正義を執行し、必要な処置を講ずる義務を負う」とされていた(40)。『三部法書』の文面と対比すれば、ここで領主らと並び裁判を義務づけられている「判事」が町村長を指すことは明らかである。また、より一般的に裁判手続きに触れた一六四七年法令第七九条は、領主や貴族が訴訟を起した際に「全ての自由王国都市と鉱山都市、特権市場町ならびに全ての国境地域、さらにはハイドゥー町の将軍、村の判事」が、「当地の慣習によってではなく、王国法に準じて法と正義を実施すること」を義務づけている。[41] この規定では、都市や町村が「慣習」に基づいた紛争処理を行っているという現状を踏まえ、そこでの裁判で貴族が不利な判決を下されることのないよう王国法に則った裁判を実施させることが意図されている。

ただし、ここで問題とされているのはあくまで領主や貴族が裁判当事者となる場合であり、町村の農民身分同士の係争については「慣習」に則った裁判が容認されていたとみられる。このように『三部法書』と同様一七世紀の王国法においても町村の裁判活動は自明のものとされ、地域の紛争解決の一つの構成要素として位置づけられていることが確認できる。

町村長の裁判行為を維持しつつ、その裁判制度をより広域的な紛争解決システムにくみ入れようとする意図は、州条令の規定にもみることができる。例えば、ボルショド州では、村落が行うべき裁判に関して次のような条令が定められていた。

⑪「これまでの不法な農民の慣習は廃されるべきである。今後、貴族が非貴族に対して裁判を開始した場合には、これまでの如く当該地の町村長が審判と執行を拒むようなことはできないものとする。町村長は条件をつけたり保証人を要求したりすることなく、原告である貴族の要請に応じて法を執行するように。これを行わない場合、町村長はその職を失うことになる」（一六二三年）。[42]

ここでは、『三部法書』や一六〇九年法令と同様に、貴族が町村住民を訴えた場合に町村長が裁判を行うべきことが定められている。ボルショド州条令にはこれ以外に町村長の裁判に関する言及はみられないが、隣接するゲメル州では、これと類似したより詳しい町村裁判についての規定がみられる。

⑫「わが州では〔…〕公共秩序を破壊する犯罪人やその他の犯罪人が少なからずいる。こうした状況を正すため、〔…〕州副官は定期調査のため年に一度巡回し、〔…〕農民の罪人が発見された場合にはその処罰のため特権領主かその役人、ないし村長に引き渡すこと〔…〕厳しい戒告を行うことで、その地で受け入れられてきた農民の慣行や狡猾〔な言い逃れ〕を排し、州副官の印章〔つき文書〕発給と州判事による告知後、当地の農民判事がその農民の刑を確定し、支障を来たすことなく処罰すること。なお、州副官は州裁判の日に定期巡回調査の時期を全ての市場町と村落、所領の住民に、そしてむろんマグナートと平貴族、その役人と村長、近隣の者に告知する義務を負う。また、すでに三日を切っている場合には、一週間より後に延期すること」(一六五四年)[43]。

⑬「全ての市場町・村落の判事は、彼が貴族であるか農民であるかを問わず、(住民らがそれまで行ってきた処罰方法で)農民身分の罪人を一フローレンの罰金によって処罰することができる。また、事実関係を確認したうえで、過ちを犯した者を罪状に応じて適切かつ自由に処罰することもできる。その他の悪事すなわち窃盗や姦通、殺人などの逸脱行為に関しては、農民身分の判事は州副官に知らせることなく処罰することのないように。当地の判事らは処罰された罪人や未処罰の罪人について州副官や州に報告すること。その罪人が貴族の場合にはあらかじめ出廷を通達し、また罪人が農民身分の場合には領主に裁判を行うよう戒告を与えて、犯した罪に応じて処罰されるように」(一六五四年)[44]。

以上にみたように、一六、一七世紀の諸法規はしばしば町村裁判が果すべき役割について言及していた。これら諸法規の内容からみて、町村裁判をただちに農民自治の証とみなすことはできない。村長による訴訟は、農村住民の「慣行」にそぐわない場合にも実施すべきと定められていたからである。しかし一方で、領主制の強化に伴い町村裁判がその活動範囲を狭め、些末な事件のみ扱う所領の末端組織となったというエックハルトらの説明も町村裁判の評価として正しいとはいえない。ここまでの検討で指摘してきたように、王国議会や州集会に参加した貴族たちは、町村裁判の裁判権を前提としつつ、これを地域社会の秩序維持の一端を担う制度として活用することを意図していたのであり、その働きを自治の強弱といった基準で評価することは適当でないと思われるのである。

農民州

町村裁判が住民の犯罪を住民自身が裁くものであったのに対し、農民州は所領を越えて跳梁跋扈した「公共秩序の破壊者」に関し、村や町を基盤としながら領主所領の枠を大きく越えて広域的秩序維持を図る制度だった。本来、地域の治安維持は領主や貴族州が配慮すべき事柄であったが、一六世紀の戦乱状態のなかでその任務が領主や貴族州の能力を超えるようになるに及び、農村住民が生存維持のために自発的に防衛組織を形成せざるをえなくなったのであった。村落と市場町はそれぞれ防衛を担当する「十人頭 tizedes」を選出し、その上に数カ村の十人頭を束ねる「軍大 hadnagy」、さらに郷や州といったレベルで各軍大を統括する「農民隊長 paraszt kapitány」がおかれ、有事の際に相互に協力して事にあたる制度が作られたのであった。こうした「農民州」については、貴族州が機能不全に陥ったオスマン朝支配地域において最も発達したことが指摘されており、そこから「農民州」が貴族州の領域を枠組みとしつつも、各町村の自発的連携により下から形成された組織であったことが知られる。

農民州ないしザーピスに直接言及した王国法はない。ただし、これまでの研究者も指摘してきたように、オスマン朝との一五年戦争期（一五九一～一六〇六年）のいくつかの王国法は広域的な治安維持への農民の参加に言及している。例えば、放浪兵士の処罰について定めた一五九五年法令第三二条では、「主人がいないか、主人に仕えて俸給を得ているにも関わらず掠奪や不当な利益を得る目的で放浪している兵士をみつけた場合、農民身分の者でもこれを捕え、審判の後に即刻斬首できる」とされていた。(45) また同様に、一五九八年法令第二九条は、傭兵として雇われていない「自由ハイドゥー」(46)の根絶について、「放浪するハイドゥーが捕えられたならば、ハンガリー人の領地であれドイツ人の領地であれ場所を問わず何人《なんぴと》でもこれを殺害することができ、そのために誰かが処罰されることはない」と定めていた。(47) これらはいずれもオスマン朝との戦争が長期化するなかで、傭兵の掠奪や暴行に対する住民の自衛手段について定めた法令であった。またその後も、一六四七年法令第四一条が、掠奪と搾取によって自らの生活を支え、近隣の貴族や哀れな臣民に苦しみと損害をもたらす「自由ハイドゥー、放浪ハイドゥー」について、「祖国の疫病として国境地域から追放し、その後も被害をもたらすようであれば、何人《なんぴと》でも彼らを追捕することができる」としていた。(48) このように、諸法令は一五年戦争や三〇年戦争などに際し、州境を越えて活動する秩序破壊者に対して農民を含め「何人《なんぴと》でも」これを捕えて処罰する権利を認めていた。しかし、王国法から農民の広域的な協力体制について、これ以上の具体的情報を得ることはできない。

それでは地域の情勢により柔軟に対応することができた貴族州では、「農民州」ないし「ザーピス」はどのように位置づけられたであろうか。これに関して、一七世紀半ばまではボルショド州やゲメル州その他周辺諸州の条令に明確な規定を確認することはできないが、(49) 農民の代表者が貴族州に宛てた書簡などから、貴族州が農民の集団的自衛活動を認知していた様子を知ることは可能である。農民州の活動を示す最初の史料は、一六〇七年三月にボルショド州とヘヴェシュ州の「全ての貧しき農民の共同体」がそれぞれボルショド州に宛てた次の書簡である。

「われらは膨れあがった数のハイドゥーから数年間にわたって多くの不法行為を被った〔…〕慈悲深き殿方もわれらも、かかる乱暴狼藉に耐えることができず、われら自身とわれらの財産を守るために同意して立ち上がった。そして、わが民族のなかから現れた破壊的な人々に対して立ち向かい、諸侯を動かし、慈悲深き殿方とともに首尾よく彼らを沈静化させた。〔…〕われらは衷心から、われら自身や慈悲深き殿方が損害を被ることを望んでいないことを明記する。それゆえ慈悲深き殿方は、われらの頻繁な集会に著しい不快の念を抱かれることのないように。われらは、慈悲深き殿方がわれらの頻繁な集会を非難し、多くの方々がそれを悪しき振舞いと解していることを承知している。しかし繰り返しになるが、キリスト教徒としての信仰にかけ、慈悲深き殿方に記したい。われらはこれまで一度たりとも、多くの者が述べた如く慈悲深き殿方に反した煽動をしたことはない。われらの望みは、慈悲深き殿方とわれらがわれらの安寧を妨げる者に抗しながら平穏に止まることができることだった(50)〔…〕」。

この書簡からは、農民の「頻繁な集会」に対して当時の貴族州が警戒の念をあらわにしていた様子がうかがわれる。その一方で、書簡は、貴族州がこの農民身分からなる団体に「同意して」跳梁跋扈するハイドゥーに協力してあたっていたことにも言及している。貴族州にとっての課題は、このような自生的に形成された農民州をいかにして貴族州の統制の下におくかにあったと考えられる。

こうした農民州は、複数の貴族州にまたがり広域的に活動を展開することもあった。一六一〇年にボルショド州のある役人がハンガリー北部軍総司令に宛てた報告によれば、かつてのハイドゥー隊長から次の情報が得られた。すなわち、この元ハイドゥー隊長のもとに数日前「四州の農民の名の下に一人の農民がやってきて、わが四州すなわちノーグラード州、キシュホント州、ゲメル州、ボルショド州の農民たちが領主と貴族を全て斬殺することを決議した」ので、ハイドゥーも彼らと同調するよう働きかけたという。これに対し、この旧ハイドゥー隊長は「四州それぞれの農民隊長の親書」を要求し、農民を帰したというのであった[51]。このような農民の計画が実在したか否かは不明だが、複数の農民州が「農民隊長」や「軍大」の指導のもとに自らの意思で集会を開き、合同して活動していた様子は、約二〇年後にボルショド州を含む複数の農民州が直接皇帝軍隊長に宛てた書簡からも確認できる。

「われらゲメル州、ボルショド州、トルナ州、アバウーイ州の農民隊長たちと軍大たちは、われらの合同集会について閣下に報告する。ご存知のように、われらは故郷のみじめな荒廃を前にして〔…〕われらとわれらの故郷を守るためにこれまでゲンツ町で集会を開いてきた。皇帝やトランシルヴァニア侯の給与に満足しない無法な軍隊が〔…〕貧しい者を根絶やしにする悲惨な状況をみて、そこに集まり、立ち上がらざるをえなかったのである[52]」（一六三一年付）。

貴族州は非常時における農民州の活動を支持し、皇帝軍に対する攻撃を黙認していたが[53]、一七世紀半ばまではこれを恒常的な制度として位置づけようとした形跡は認められない。

各地の貴族州が農民州を自らの監督下におき、貴族州の秩序維持体制にとり込もうと試みるようになったのは一七世紀半ば以降のことであった。ボルショド州では、一六六〇年の条令に「農民隊長」や「軍大」などの農民州の諸職の任命に貴族州が介入しようとした様子をみることができる。

「マグナートと平貴族の団体の決定により、貴族州は四人の州判事に次の権限を与えた。もし町や村のある者が、町や村の意思と指示にもかかわらず隊長や軍大、十人頭の職を引き受け誓約することを望まない場合、かれら〔州判事〕はこの決定の効力により、不可逆的かつ即座に、なんら斟酌することなく一二フォリントの罰金を科すことができると」。

ここでは農民州役人の選出が「町や村の意思と指示」に委ねられているものの、職務を拒む者に対しては貴族州がこれを罰するとされた。本来「自発的」な自衛組織であったはずの農民州の任務が、ここでは貴族州にも責任を負うべきものと位置づけられたのである。

さらに条令は、住民がこれら農民州の諸職の指示に従い、一致して治安維持にあたるべきことについても定めている。

「隊長や軍大、十人頭から狼藉者、盗人、詐欺師、掠奪者の追捕命令を受けた場合、貴族と農民は、武器をとって追捕することを三フォリントの罰金のもとに義務づけられる。貴族のうち隊長や軍大、十人頭に対して処罰の面でかたくなに抵抗する者が発見された場合、州副官に苦情を提出すること。州長官殿はかかる者を、貴族であれば一二フォリント、農民であれば六フォリントの罰金で州判事を通じて処罰させる。罰金の半分は貴族州に、また半分は〔処罰の〕執行者に与えられる(54)」。

こうして農民州は、農民の自衛組織から貴族も参加する貴族州の広域的秩序維持の制度として位置づけられることになった。さらに、複数の農民州が合同して活動していた実態を踏まえ、複数の貴族州が州境を越えた農民州組織を制度化しようとする動きもみられた。すなわち、一六六一年にヘヴェシュ州は、ゲメル州、ボルショド州ほかの諸州に働きかけ、ヘヴェシュ州と同様の形で農民州を制度化し、これらを相互に結びつけ、共同して自衛活動にあたらせることを提案したのであった(55)。

さらに、オスマン朝の撤退後には、貴族州による統制の傾向はいっそう強まった。ボルショド州では、一六八二年に「軍大」と「十人頭」の選出が州副官の権限であることが明言され(56)、一六九八年にはその「任務と責務」について次のようなまとまった決定がなされた。

「一　最も重要なのは神を敬うことである。そのため、被造物について涜神的言動があった者を現場で押さえた場合には、貴族であれ農民であれ一二度の打擲により罰せねばならない。現行犯でない場合、貴族については事実関係の調査のため法廷に召喚せねばならない。一方、農民については現行犯の場合と同様に処罰せねばならない。処分は隊長の義務とする。

二　隊長、軍大、十人頭の義務は、通行証なしに移動する者や他所から不法に転居する者、皇帝に反して徒党を組む者に対する捜査である。かかる者が発見された場合、州副官に引き渡さねばならない。

三　強盗、殺人、窃盗、不貞、故買その他の悪事の現場を押さえた場合、彼らを捕えて州に引き渡さなければならない。情報のみを得た場合にもそれを報告せねばならない。後者の場合、所領もち貴族であれば逃亡の恐れはないので捕える必要はない。

四　悪人の追捕に向かうときは、全ての者が武装して急ぎ援助する義務を負う。これを行わない者は、富裕な貴族の場合一二フォリント、富裕でない場合六フォリント、富裕な農民の場合三フォリントの罰金を支払うこと。ただし正当な配慮はなされるべきである。

五　捕えた悪人のもとで発見された財産の半分は州副官に、また半分は追捕に働いた隊長、軍大、十人頭に帰せられる。

六　隊長、軍大、十人頭が上記の義務を適切に果さなければ、州判事は一二フォリントで処罰できる」[57]。

ここにおいて、農民州の役割は、かつてのような掠奪を行う兵士に対する組織的防衛から、住民の涜神的言動の処罰、不法転居者の監督、重大な刑事犯の追捕へと変質している。また同時に、農民州の役割は「捜査」や「追捕」へと縮小され、裁判や処罰を実施する権限は、現行犯の農民の場合に限られていったこともみてとることができる。その結果、農民州は貴族州の指導のもとにその警察機能の一端を担う制度として位置づけられていったのであった。

以上にみてきたように、農民州は一六、一七世紀の戦乱と掠奪の横行を背景として、村や所領の単位では対応できない広域的治安維持を果すために生成・発展した。それは従来の治安維持制度が十分に状況に対応できないなかで、農民が自発的に作り出した制度だった。これに対する貴族州の介入は、確かに当初の自治的側面を弱めるものだったといえる。しかし、生存維持という本来の目的からすれば、そうした事実は必ずしも農民の利害と対立するものではなかった。このことをよく示すのが、一六五五年にバーンホルヴァート村からボルショド州に宛てられた要望書である。そこでは、「わが八村は一六年来、貴族州の決定通り一人の軍大のもとにあった。しかし、カジンツィ村の者は〔…〕楽な道を選んで自分たちのなかから軍大を立てることを避けている」として、制度維持の負担を分担しない村に対して貴族州の権威を背景に注意を促し、処罰するよう農民側から要望が出されていたのである[58]。農民側にとって最大の問題は、効果的な生存維持のために負担を分けあうことであり、いかに自治を守るかというような抽象的課題ではなかったといえるであろう。

三　まとめ

以上に検討した領主と村落・市場町の治安と平和維持に関する諸法規から、地域社会では二つの系統の制度が形成されていったことを指摘できるように思われる。第一は町村裁判から領主裁判、貴族州裁判へと連なる紛争解決の制度である。領主裁判権の排他的性格を強調するこれまでの研究では、町村裁判と貴族州の関係は軽視されがちであったが、貴族と農民の間の訴訟などでは町村裁判から貴族州への上訴がなされていた可能性は高い。貴族州による農民訴訟の扱いの分析はほとんど未開拓の領域に属する主題であり、本書でもこの問題を正面からとりあげることはできないが、より研究が進んでいる一八世紀の貴族州裁判における農民の頻繁な登場は、この紛争解決の流れが以前から広範に機能していたことをうかがわせる(59)。第二は、町村から農民州、貴族州へと連なる治安維持制度である。この治安維持制度は、放浪兵士など広域的に活動する秩序破壊者に対応するために下から組織され、当初から所領の枠とは別個に発展したものだった。そこでは領主は貴族州構成員として現れるに止まり、領主単独ではなんら位置づけを与えられていない。農民州とこれを統制下におこうとする貴族州の間には、しばしば緊張関係がみられたが、放浪兵士が減じ、広域的な秩序破壊の問題が解消されていくにつれ、こうした緊張も減じていくことになった。以上のように、治安・平和維持のための二つの系統の制度のいずれにおいても、村落・市場町は末端の構成要素として機能することを期待されていた。村落・市場町は貴族州ひいては王国の治安・平和維持の末端を担う団体として位置づけられ、貴族と並んで秩序維持のための相応の負担を課されていたといえるのである。

（1）こうした秩序観を象徴する現象として、中世史家ハイニクは「秩序破壊 hatalmaskodás」という犯罪類型の出現を指摘した。それまで私闘や和解に委ねられていた貴族同士の所領占拠などの紛争解決に対し、秩序破壊を理由に国王が所領没収や死罪などを伴う裁判権を要求するようになったのである。Imre Hajnik, *A magyar bírósági szervezet és perjog az árpád-és a vegyes-házi királyok alatt* (Budapest, 1899), 20–24.

（2）一六、一七世紀の司法制度全般については、次を参照。György Bónis, Endre Varga, Alajos Degré., *A magyar bírósági szervezet és perjog története* (Budapest, 1961), 45–51; Andor Csizmadia (ed.), *Magyar állam- és jogtörténet* (Budapest, 1995) (bővített és átdolgozott kiadás), 187–192; Barna Mezey (ed.), *Magyar alkotmánytörténet* (Budapest, 1999) (3. átdolgozott, javított kiadás), 157–171.

（3）貴族州による裁判・治安維持に関しては次を参照。Iván Meznerics, *A megyei büntető igazságszolgáltatás a XVI–XIX. században* (Budapest, 1933).

（4）William W. Hagen, 'Village Life in East-Elbian Germany and Poland, 1400–1800. Subjection, Selfdefence, Survival', in Tom Scott (ed.), *The Peasantries of Europe. From the Fourteenth to the Eighteenth Centuries* (London, 1998), 145–160.

（5）Ferenc Eckhart, *A földesúri büntetőbíráskodás a XVI–XVII. században* (Budapest, 1954); Endre Varga (ed.), *Úriszék. XVI–XVII. századi perszövegek* (Budapest, 1958), 5–56.

（6）「社会的紀律化」「宗派化」研究に関する近年の動向については次を参照。服部良久「中・近世ティロル農村社会における紛争・紛争解決と共同体」『京都大学文学部研究紀要』四一号、二〇〇二年。踊共二『亡命と改宗の社会史――近世スイスにおける国家・共同体・個人』創文社、二〇〇三年、三一―三七頁。

（7）Karl Härter, 'Soziale Disziplinierung durch Strafe? Intentionen frühneuzeitlicher Policeyordnungen und staatliche Sanktionspraxis', *Zeitschrift für historische Forschung* 26 (1999), 365–379; id., 'Social Control and Enforcement of Police-Ordinances in Early Modern Criminal Procedure', in Heinz Schilling (ed.), *Institutionen, Instrumente und Akteure sozialer Kontrolle und Disziplinierung im frühneuzeitlichen Europa* (Frankfurt am Main, 1999), 39–63.

（8）Thomas Winkelbauer, 'Und sollen sich die Parteien gütlich miteinander vertragen. Zur Behandlung von Streitigkeit und von „Injurien" vor den Patrimonialgerichten in Ober- und Niederösterreich in der frühen Neuzeit', *Zeitschrift der Savignyi-Stiftung für Rechtsgeschichte. Germanistische Abteilung* 109 (1992), 129–158.

（9）Katalin Péter, 'Jobbágycsaládok életvitelének különbözőségei *az* örökös jobbágyság korában, 16–17. század', *Sz* 137 (2003), 549–578; id., *A reformáció. Kényszer vagy választás?* (Budapest, 2004)

（10）領主裁判権は一三世紀頃から特許状で言及され、一四世紀には中小貴族を含めた全「王国住民」の慣習的権利とされるようになった。王国法への記載は一四世紀からみられ、一五世紀には高級裁判権と下級裁判権の別も明記された。中世領主裁判権の法的基盤については、次を参照。István Szabó, 'Az 1351. évi jobbágytörvények', in id., *Jobbágyok-parasztok. Értekezések a magyar parasztság történetéből* (Budapest, 1976), 137–151.

（11）貴族州条令は各貴族州の議事・裁判記録帳に記載されている。少なからぬ遺漏が指摘されているものの、地区別に州条令を抄録した唯一の史料集として次がある。Sándor Kolosvári, Kelemen Óvári (eds.), *Magyarországi jogtörténeti emlékek. A magyar törvényhatóságok jogszabályainak gyűjteménye. Monumenta Hungariae Juridico-Historica. Corpus Statutorum Hungariae Municipalium* 1-5 vols. (Budapest, 1885–1904). 本章でとりあげるボルショド州については、これを補う包括的な条令集が公刊されている。Péter Tóth, János Barsi (eds.), *Borsod vármegye statutumai, 1578–1785* (Miskolc, 1989).

（12）István Werbőczy, *Tripartitum. A dicsőséges magyarkirályság szokásjogának hármaskönyve* (Budapest, 1990); János M. Bak, Péter Banyó, Martyn Rady (eds.), *The Custom Law of the Renowned Kingdom of Hugnary. A Work in Three Parts, the 'Tripartitum'* (Idyllwild/Budapest, 2005).『三部法書』は、一五一七年から一八四八年までの間に四〇版を重ねた。二〇〇五年刊の最新版には英訳と解説・参考文献が付されており、現時点の研究の到達点を知ることができる。本書での引用頁はこの二〇〇五年版のものとする。

（13）István Gazda, 'Szerkesztői előszó az új kiadáshoz,' in Werbőczy, *Tripartitum* (Budapest, 1990), 26–31. なお、『三部法書』は一八四八年に裁判の場での役割を喪失した後にも、法文化形成や国民統合の象徴として重要な役割を果し続けたとの指摘もある。Katalin Gönczi, 'Werbőczy's Reception in Hungarian Legal Culture', in Martyn Rady (ed.), *Custom and Law in Central Europe* (Cambridge, 2003), 87–99.

（14）Andor Csizmadia (ed.), *Magyar állam- és jogtörténet* (Budapest, 1972), 125–127.

（15）Werbőczy, *Tripartitum*, 418–419.

（16）Ibid., 404–407. なお、第三部第二七条は領主裁判への差戻し後の誓約や証拠提出手続きについて定めている。ibid., 412–415.

(17) 農民身分としての地代支払い義務をもたず、貴族や農民との期限つき契約により生計を立てた階層、すなわちチェレード cseléd を指すと考えられる。
(18) Ibid., 406–411.
(19) Ibid., 422–423.
(20) もちろん、農民が犯した重罪のために領主が死罪に処せられるケースが頻繁にあったとは考えにくい。この規定は、おそらく、一五一四年の農民戦争を支持した一部貴族を具体的に想定していたものであった。しかし、当規定は、軽犯罪における領主の裁判義務にも触れており、領主の裁判義務を一般的に定めたものともみなしうる。
(21) Ibid., 418–421.
(22) Eckhhart, *A földesúri büntetőbíráskodás*, 8.
(23) *CJH 1608–1657*, 446–447.
(24) *CJH 1608–1657*, 54–55.
(25) *CJH 1608–1657*, 60–61.
(26) *CJH 1608–1657*, 108–111; 244–247; 384–387; 512–513.
(27) 州長官 comes と同等の高級裁判権を付与された貴族や自由王国都市を指す。
(28) *CJH 1608–1657*, 608–609.
(29) 内訳は、一一件が法廷や執行の手続きについての規定、残りの二九件が具体的な問題に対応した規定(農民移転関連一二件、掠奪・強盗関連一〇件、その他軽犯罪・道徳違反関連七件)となっている。
(30) Tóth, Barsi (eds.), *Statutumai*, 1
(31) Tóth, Barsi (eds.), *Statutumai*, 12.
(32) 先に訳出した一六〇九年法令第二九条を指すとみられる。本書九八頁参照。
(33) *CS* II-1, 82; Tóth, Barsi (eds.), *Statutumai*, 9.
(34) Tóth, Barsi (eds.), *Statutumai*, 13.
(35) Tóth, Barsi (eds.), *Statutumai*, 19–20.
(36) Szabó, 'A parasztfalu önkormányzata', 275–276, 287–289.

（37） Ferenc Eckhart, 'A falu füstje', *Jogtudomány Közlöny* 7 (1952), 258-264.

（38） István Gyárfás, *A paraszt vármegye* (Budapest, 1882); Béla Rudnay, *A Csermenyek és a parasztság büntető bíróságai a XVI. és XVII. században* (Budapest, 1909); László Makkai, *A kuruc nemzeti összefogás előzményei. Népi felkelések felső-Magyarországon 1630–1632-ben* (Budapest, 1956).

（39） Ferenc Szakály, *Parasztvármegyék a XVII. és XVIII. században* (Budapest, 1969), 9-19. なお、サカーイは、農民州に秩序維持を超えた祖国防衛意識をみいだそうとする立場に対しては、時代錯誤的としてこれを批判している。Ferenc Szakály, 'Parasztság és honvédelem. A parasztság és a török-, illetve habsburg- ellenes küzdelmek a XVI-XVII. századi Magyarországon,' *Valóság* 17(1974), 27-39.

（40） *CJH 1608–1657*, 60-61.

（41） *CJH 1608–1657*, 474-477.

（42） Tóth, Barsi (eds.), *Statutumai*, 19.

（43） *CS* II-1, 210-211.

（44） *CS* II-1, 212-213.

（45） *CJH 1526–1608*, 756-757.

（46） 自由ハイドゥー szabad hajdú とは、給料を得て恒常的に城塞に勤務した国王ハイドゥー királyi hajdú と区別されたハイドゥーの一団であり、戦時以外には掠奪や暴行を繰り返して生計を立てていたために、治安悪化の原因となっていた。戸谷浩「ハイドゥー研究における「断絶」と「不整合」——近世ハンガリーにおける社会集団ハイドゥーへの〝定説〟を踏まえて」『史潮』新二九号、一九九一年、六二—六四頁。

（47） *CJH 1526–1608*, 844-845.

（48） *CJH 1526–1608*, 456-457.

（49） 一七世紀前半までについては、次の二つの条令が農民州に関連した可能性がある。「全ての貴族は、銃を装備し十分に武装して来週日曜にモヒに来るように〔…〕さらに、領主や貴族の所領からは、全ての門地につきそれぞれ一人の銃を装備した騎兵が出ること。〔…〕さらに、軍大をモヒにおいて選出すること。門地から出された銃を装備した騎兵は何人であれ門地が食料の面倒をみるが、二週間の間に他の俸給は支払われない」（一五九六年）。「州全域において放浪者、悪人の数が非常に増えている。この追捕のため、来年は郡ごとに一人の隊長を選び、彼らに対する指示書を作成せねばならない。その任務は州副官と州判事の職権を侵さない範囲で果されなければならない」(一六三八年)。Tóth, Barsi (eds.), *Statutumai*, 22–23, 84.

(50) *TT* 23 (1900), 420–421. 引用はヘヴェシュ州の書簡。ボルショド州の書簡は未見だが、サカーイによれば、両者は一字一句同一だとされる。Szakály, *Parasztvármegyék*, 21–23.

(51) *TT* 21 (1898), 611–613.

(52) *TT* 10 (1887), 636.

(53) Makkai, *A kuruc nemzeti összefogás*, 153–163, 173–184.

(54) Tóth, Barsi (eds.), *Statutumai*, 29.

(55) Szakály, *Parasztvármegyék*, 34.

(56) 「今後州副官は、州秩序の維持のため州住民から軍大と十人頭を選ぶ権限をもつこととする。選ばれた者は誓約を義務づけられ、その誓約を破った場合には二四フォリントの罰金が科される」。Tóth, Barsi (eds.), *Statutumai*, 36.

(57) Tóth, Barsi (eds.), *Statutumai*, 51.

(58) Károly Nagy (ed.), *Régi históriák. Ózd és környéke múltjának írott forrásai* (Ózd, 1984), 45–46.

(59) Sándor Takács, *Művelődéstörténeti tanulmányok a XVI–XVII. századból* (Budapest, 1961), 296–316; István György Tóth, 'A törvény és törvénytelen szerelem konfliktusai a 18. századi magyar falvakban,' *Rendi társadalom-Polgári társadalom* 3 (1989), 45–50.

第二部　地域社会秩序の展開

第四章　教区の秩序維持

以下の二章では、秩序維持の実態について考察する。まず本章では、ハンガリーの教区運営について農民身分の秩序維持能力に着目しつつ検討する。教区運営という日常生活に密着した問題を手がかりに、これまで受動的に扱われてきたこの地域の農民身分の秩序維持機能を検出し、地域社会秩序のなかに位置づけることがここでの課題である。事例としては、一七世紀前半のハンガリー北東部、ゼンプレーン改革派主席牧師区 Zempléni református dioecesis をとりあげる。

教区運営問題を扱う理由は、そこに社会経済分析ではとらえきれない地域社会の権力関係が現れていると考えられるからである。ハンガリーの宗派形成はオスマン朝の侵攻とこれを契機とした国家分裂状態のなか、聖職者主導で展開した(1)。国家の恒常的支援が得られないなか、彼らは既存の慣行や地域社会の諸勢力に依拠し、その社会関係に配慮しながら宗派教会を形成していった。したがって、教区の日常生活やそこに現れる軋轢、それを解消する手続きのうちには、地域社会秩序の姿が反映されたと考えられるのである。ここで扱うハンガリー北東部は、改革派が早くに根を下ろして貴族や農民に幅広く受け入れられ、その後の対抗宗教改革の波のなかでも彼らの宗派教会を強固に維持した地域であった。

以下では、まず一七世紀前半のゼンプレーン改革派主席牧師区の状況を概観した後、教区運営における村落・市場町の役割を検討する。ついで、村落・市場町の活動が地域の諸権力にどう受けとめられていたかを、教会運営をめぐる摩擦・対立をとりあげ検討する。そこでは、各者の利害が最も集中的に現れた牧師人事問題に焦点が絞られる。これらの作業を通して、村落・市場町の固有の活動とそれをくみこんだ地域社会の秩序維持の様相を描き出していきたい(2)。

一　教区の概観と教区の諸問題

教区の概観

まず、地域の特色と改革派の宗派形成に関して基礎的な事実を確認しておきたい。ゼンプレーン主席牧師区はティサ川北部改革派管区 Tiszáninneni református egyházkerület の一部をなし、ゼンプレーン州の大部分とこれに隣接したアバウーイ州の西端部を包摂していた。南北に細長いこの領域には、北部の山岳地帯から中・南部の丘陵・平野部まで多彩な自然環境が含まれ、南北に流れるボドログ川とその支流が各地域を結びつけていた。住民構成をみると、南部ではハンガリー語を母語とする住民が圧倒的多数を占めたが、中部から北部にかけては西スラヴ族と東スラヴ族の比率も高くなっていた。スラヴ系住民の多くは中世を通じて正教会の信者に止まったため、宗教改革以前から複数宗教の混住状態がみられた(3)。また、所領構成のうえでは大所領優勢の地域であったが、所領の支配者は政治的変動のなかで頻繁に交代した。一六世紀末から一七世紀前半にかけては、穀物生産における領主経営の伸長が指摘されている(4)。

この領域には、国王(王冠)に直属する自由都市は存在せず、農民の基本的定住形態は市場町ないし村落だった。

市場町は村落に比して人口が多く、領主から個別に諸特権(市場開設権や広範な裁判権など)を獲得していることが多かった。とくに、ワイン生産・販売で栄えた南部丘陵地帯の市場町は規模の大きなものが多く、売買可能なブドウ園の所有者(貴族を含む)が「丘陵共同体 hegyközség」を形成するなど、独特の社会が形成されていた。(5)ただし、市場町と村落は法的に截然と区分されてはおらず、両者はいずれも領主支配と農民自治の基礎単位としての性格を帯びていた。村落・市場町の農民世帯はテレク telek(菜園付屋敷地と耕地、共有地持分からなる農民保有地)の有無や家畜の保有数に応じて領主へのさまざまな負担を負ったが、個別負担と一括負担の別や、負担の内容は同一所領内でも一様ではなかった。また、村落・市場町には新規定住や領主への奉仕などで一定期間地代を免除された自由人 libertinus や担税貴族 taksás nemes も一定数存在した。(6)村落・市場町の代表には、テレクの有無を問わず全農民世帯から町・村長と参審人 esküdtek が選出され、領主と住民の狭間で生産管理や治安維持、領主・教会との折衝などにあたっていた。(7)ただし、中南部に点在したラーコーツィ家所領の村落では領主が村長選出に発言力を示すケースも指摘されており、その地位もまた村落・市場町ごとに異なっていたと考えられる。

この地域における改革派の宗派形成は、フランシスコ会出身の改革者や中・下級聖職者団体の活動により一六世紀後半に展開した。一五四〇年代、戦乱によるカトリック教会の機能麻痺のなかで、彼らはまず福音派の説教を導入した。その活動が地域社会に受け入れられていった経過は明らかではないが、当時の地域の二大貴族ホモンナイ・ドゥルゲト家とペレーニ家による黙認あるいは保護によるところが大きかったと考えられている。(8)その後、隣接地域の改革者による改革派の導入を受け当地の改革者の多くもこれに従い、一五六〇年代後半から世紀末にかけて改革派へと転じた。この結果、一六世紀末には、北部でわずかに正教会とカトリック教会、あるいは福音派の住民が残ったものの、大部分が改革派の牧師の司牧活動を受けることとなった。(9)この間、福音派が独立した教会制度を発展させなかったため、改革派教会に福音派の牧師・住民が帰属するという奇妙な状況が発生した。(10) 一七世紀初頭の記録によれば、この地域の約一七〇の村落・市場町は七〇ほどの教区に区分され、改革派教会の管轄下におかれていた。(11)

教会行政を統括したのは主席牧師 esperes であった。ティサ川北部改革派管区では、他地域と異なり一八世紀に至るまで各主席牧師区を統括する監督職が設置されなかったため、四人の主席牧師はそれぞれ教会行政の最高権限者として活動した。主席牧師は数名の助役牧師 assessor とともに教会当局を形成し、主席牧師区内で生じた諸問題を発見・処理し、教区の秩序維持にあたったのである。その際、主席牧師が利用できた主な制度は、教会会議と教会巡察の二つであった。教会会議は、主席牧師により招集される管区内の牧師・教師の集会であり、牧師の任職や教区運営における基本方針の決定が行われ、また教区で生じた争いごとが処理される場でもあった。一方、教会巡察は、各教区の日常生活の状況を主席牧師らが直接把握し、諸問題を発見・改善するための手段として実施された。ハンガリー改革派教会では一六世紀後半に作成されたいくつかの教会規定において巡察の実施が義務づけられており、(12) これに基づき主席牧師は助役牧師らとともに各教区に赴き、教区における教会運営の状況を把握し、牧師と教区民の素行についての聞きとり調査を行った。(13) 巡察において問題が発見されればその場で改善へ向け指導が行われたが、重大なケースは教会会議で報告され、牧師全体での審議が行われた。(14)

教会会議や教会巡察を通じて主席牧師区内の諸問題を記録した多くの文書が作成された。とりわけ、ミシュコルツィ・チュヤク・イシュトヴァーンの主席牧師時代（一六二九〜四五年）は、そうした文書作成が最も盛んに行われた時期であった。(15) また、彼の時代には主席牧師日誌が作成され、主席牧師区で生じた出来事や貴族ととり交わした書簡の写し、教区民からの陳情などが事細かに記録された。これらの史料により、当時の教区の日常生活について多くの情報を得ることができる。以下、教区に関する定量的情報を与えてくれる教会巡察記録を素材に、当時の教区が抱えた諸問題をみることにする。

教区の諸問題

ミシュコルツィは主席牧師就任直後の一六二九年の春と秋、二度に分けて主席牧師区全域への教会巡察を実施した。彼はその後一六三二〜三六年、一六三八〜三九年、一六四一〜四三年にそれぞれ教会巡察を行ったが、最も広い領域を巡察したのは一六二九年であった。以下では、一六二九年の巡察記録の内容を整理した表4-1によりつつ、教区の状況を教会諸施設、牧師および教師、教区民の順に概観する。

初めに最も記述の多い教会諸施設の状況をみると、教会堂や牧師館、墓所、学校などに関するなんらかの欠陥や不備がほぼ全ての教区において指摘されていることがわかる。具体的には、教会堂や牧師館の損壊、不正使用や聖具(洗礼用の水差し、洗礼台、聖杯)の不備などが巡察地の約半分において指摘されており、墓所や学校といった教会付属諸施設の損壊・荒廃事例も多い。

こうした荒廃の原因としては、教区の資金・人手不足とたび重なる戦乱や恒常化した掠奪行為を考えることができる。まず資金・人手の問題についてみると、その背景にはハンガリーの宗派教会が共通して抱えた事情があった。新教諸派はオスマン朝支配地域はもとよりハンガリー王国、トランシルヴァニア侯国においても国家行政の下にくみこまれなかったため、各派はそれぞれの裁量で教区の内外から支援をとりつける必要があった(16)。このため教区内部の資金・人手不足はただちに教会諸施設の不備へとつながる可能性をはらんでいたのである。巡察記録によれば、この時期、この地域の多くの教会堂は木造であったため、定期的に壁や屋根の板葺きを修理しなければ「隙間だらけ」になり「雨漏り」によっていたんでいった。例えば、キシュバーリ教区(17)では学校の床と壁が破損しており、ドアの蝶番もなかったうえ、牧師館では倉庫の壁が崩れており納屋もなかったとされ、巡察

表4-1　1629年の教会巡察記録に表れた教区の諸問題(巡察対象 63教区)

調査項目		調査地区		合計
		山麓地域～ボドログ川右岸	ティサー ボドログ川間	63
教会諸施設関連	教会堂の破損・不正使用	23	13	36
	墓所の荒廃・不正使用	13	7	20
	牧師館と教会用地の損壊・荒廃	20	14	34
	聖具(聖杯等)の不備	17	17	34
	学校の損壊・不備	10	6	16
	教会台帳の不備	0	1	1
牧師関連	教義の誤り	0	0	0
	説教・礼拝実施に問題あり	9	4	13
	洗礼・聖餐式実施に問題あり	7	3	10
	婚礼実施に問題あり	11	13	24
	副牧師・教師との不仲	4	2	6
	生活態度・言動に問題あり	10	0	10
	家族の生活態度に問題あり	2	0	2
	知識の欠如	0	0	0
	カテキスム教育の不履行	6	9	15
	教会用地への配慮なし	5	1	6
	不適切な支払い要求・経済活動	5	0	5
	退去時の腹いせ行動	1	0	1
	全てにおいて良好	6	1	7
教区民関連	礼拝への不参加	14	9	23
	洗礼・聖餐式への不参加	12	3	15
	教職者への支払い滞納・義務不履行	21	8	29
	牧師への非恭順・罵り	11	6	17
	教会用地の不当な使用	3	4	7
	涜神的言動と不十分な処罰	22	15	37
	性の乱れと不十分な処罰	6	6	12
	窃盗などの犯罪への不十分な処罰	10	5	15
	カーニバル・夜の集い等の慣習あり	17	4	21
	過度の飲酒	1	0	1
	不適切な結婚や離婚	3	0	3
	全てにおいて良好	0	1	1
教師関連	職務に関する問題	3	2	5
	生活態度に関する問題	3	0	3
	牧師との不仲	0	0	0
	退去時の腹いせ行動	1	0	1
学生関連	勉学に関する問題	0	0	0
	生活態度に関する問題	2	0	2

注）Zoványi(ed.), Egyházlátogatási jegyzőkönyvei より作成。項目分類は，巡察の際に用いられた『質問条項』(Zoványi Jenő (ed.), ‘A zempléni ref. dioecesis egyházlátogatási kérdőpontjai’, *PSz* 18 (1906), 40-41.)をもとに，巡察記録に応じて若干の追加と削除を行った。また，教区内複数村落で同一の言及がある場合にも1教区につき1件のみ数えた。

の際にはこれらの修理と納屋の建設が求められた。しかし、教区の母教会をなしたキシュバーリには小貴族と農民がそれぞれ四世帯しか居住しておらず、「村は貧しさのため〔修理を〕約束できなかった」という。[18] さらに同村には、聖餐式に用いる聖杯もなかったと記されている。

一方、教区荒廃のもう一つの原因と考えられる戦乱の影響については、巡察記録中に戦闘による直接の被害を示す記録はみあたらないものの、傭兵などによる掠奪行為が日常的に行われていたことをうかがわせる記述は多い。例えば、ナジゲーレシュ教区では「これまで戦時に教会堂の中に物を運び入れることが許されていたが、神の教会がならず者の巣窟にならないよう、戦争が終わったらすぐに全てを運び出すように」との巡察官の指導がみられる。[19] このように、掠奪に備えて教会堂に食料を貯蔵するという行為は広く行われていた。教会堂内に「豚の脂身」が吊され、「穀物棚」が運び込まれたために司牧活動に支障を来たしているとの報告は一六二九年だけでも八件みいだされ、[20] 当時の教区において破壊・掠奪行為への不安が日常化していたことをうかがわせる。

牧師・教師の状況については、巡察記録の冒頭に町村長らと並んで牧師、副牧師、教師などの名前が列挙されており、その在任状況が確認できる。一六二九年についてみれば、巡察が行われた六三教区のうち牧師ないし副牧師が不在の教区は四教区のみであった。[21] この数字をみるかぎり、当地では改革派の牧師補充システムが比較的良好に機能していたようにみえる。ゼンプレーン主席牧師区には、南部の市場町シャーロシュパタクに著名な改革派コレギウムが存在しており、これがこの地域の牧師供給を円滑にしていたと考えられる。一七世紀初頭には、ここで学んだ学生が牧師や教師、書記としてゼンプレーン主席牧師区を越え北部ハンガリーの広い範囲に人材を供給していたことが知られている。[22] ただし、それでも教区の司牧活動に問題がなかったわけではなかった。巡察記録には、教区民から発せられた多くの不満が記されている。

最も件数が多いのは、説教や礼拝、サクラメントの実施回数についての苦情である。牧師の怠惰を原因とする若干の事例を除けば、ここでも最大の原因は教区の資金・人手不足にあった。教区は複数の村落・市場町からなり、それらは教会行政上、牧師の駐在する母教会とそれ以外の娘教会とに区別されていた。通常、娘教会の司牧活動をまかなうため副牧師や教師が雇われたが、資金不足から彼らを雇うことのできない教区も多く存在した。その結果、一人の牧師が複数の村落・市場町を担当することとなり、村落間に距離があった場合には週に一、二度しか説教が行われないということもあった。加えて、とくに南部の河川流域では悪天候や河川の氾濫により長期にわたって牧師が出向けないことも多かった。例えば、ヴィターニ教区の娘教会ヴァーガーシュ村(23)では、洪水のため日曜に牧師がやって来られないことがしばしばあるので、平日の説教で埋め合わせをするよう住民が要求していた。同じくヴェレイテ教区のゲルチェイ村(24)でも、牧師が「病気がちであり、またときには川の水が多いため」、定期的な水曜の礼拝がまれにしか行われなかったと報告されていた。

牧師に関するその他の問題点としては、布教活動をめぐる教会と住民との摩擦に起因したとみられるものが多い。例えば、巡察記録のなかで頻繁に指摘されたカテキスム教育不履行の背後には、牧師の怠惰のみでなく、子供への譴責を好まない住民と牧師の対立が存在した。次のペルベニク教区(25)のケースはそうした事例の一つである。ペルベニク教区への巡察の際、カテキスム教育が行われていないとする住民の指摘に牧師は次のように反論した。「カテキスム教育を受けに来なかったからである。時折、子女をわれらのところに来させるよう呼びかけたが、母親が「私の子に恥をかかせた」といい」、来させなかったのだと。またとくに北部地域では、「トート語を知らない」牧師に代わって主席牧師区外から牧師の「トート語」による説教を要請したゲレンダ村(26)の例のように、言語的問題を理由とした牧師と住民の摩擦もみられた。

最後に、教区民についてみておきたい。教区民についての指摘は多岐にわたるが、特徴的なことは、彼らの信じる教義や儀式についての指摘がほとんどみられないことである。すでに指摘したように、この地域には複数宗派の信徒が混住しており、少なくとも新教諸派間の教義の差異はある程度容認されていたとみられる。教会当局が関心をよせていたのは、むしろ、教区民の生き方をいかに改善するかという問題であった[27]。巡察記録において最も指摘が多いのは、住民の言語習慣・生活習慣・モラルの問題であり、これに礼拝やサクラメントへの不参加、牧師への支払いの滞りといった問題が続いている。

このうち、言語習慣の問題として教会当局が最も注意を払っていたのは、「魂」や「洗礼」という言葉を用いた涜神的言動であり、また「神の名をみだりに口にすること」であった。しかし、ミシュコルツィの任期最後の年にも依然として同様の言語習慣に関する指摘は多く、教会側の試みは容易に成果を収めなかったようにみえる。また、生活習慣の問題としては糸つむぎ会、酒宴、カーニバルの習慣がモラルや性生活の乱れを引き起すものとみなされ、その取締りが頻繁に呼びかけられた。しかし、これらの問題についてもミシュコルツィ在任期を通じて違反者の指摘が後を絶たず、ここでも教会当局の指導は目立った効果を挙げなかったようにみえる[28]。

以上にみてきたように、ミシュコルツィ就任当初の教区の状況は、教会諸施設、牧師、住民いずれの面でも教会当局にとり好ましいものではなかった。こうした状況のなかで、村落や市場町はいかなる役割を期待され、また果していたのだろうか。次に時期を広げてこの問題を検討する。

二　教区運営における村落・市場町

教区運営の中心課題は、教会諸施設の維持・管理や牧師の扶養など財政負担を伴うものと、教区民の教化に関わるものとに分けることができる。このうち、教会諸施設をめぐる村落・市場町の活動は、例えば次の巡察記録において確認できる。

「村長は冬に向けて木材を運ばせることを約束した。今年は教会堂の天井を張り替え、良好な状態にした。馬小屋がないので、共同で建設するよう教区に呼びかける必要がある」（一六二九年五月、セーレーシュケ教区）[29]。「教会堂がないので建設を命じたところ、〔ベレツキ村の貴族〕セーケイ・フェレンツが尽力すると約束した。村人たちも作業に従事することになっている。〔…〕母教会〔ベレツキ村〕の苦情によれば、〔娘教会〕ヴァイダ村とアーゴーツ村は牧師館を造った後、柵づくりをまったく手伝わなくなった。〔…〕牧師は牧師館の建設を分担でなく共同で行うよう望んでいる。というのも、分担にするととくに貴族らが建設を行わなくなるからである」（一六二九年九月、ベレツキ教区）[30]。

ここには、貴族や農民を含む教区民全体が教会諸施設の建設・維持を担うべきだとする教会当局の見解、それをまっとうしようとする教区民の姿をみることができる。教会堂や牧師館、墓所、学校などの教会諸施設の維持管理は教会当局や領主のみでなく、農民を含めた教区民全体が担うべき任務と考えられていた。

こうした課題を果すにあたって、村落・市場町は「母教会」「娘教会」として負担配分の基礎単位となった。教区の村落・市場町は協議により運営上の負担を分担しており、ときには一つの建物についてそれぞれの配慮すべき部分が決められることもあった。教会側はたびたび教区民が「共同で」負担するよう指導を行ったが、貴族や村落・市場町間の分担作業は一七世紀を通じて継続された。各村落・市場町はそれぞれの持分に応じて「参事会」や「村長」の指導下に教会諸施設の建設・補修を行い、巡察で欠陥が発見されれば教会当局に弁明したのである。

このような村落や市場町を基礎単位とした教区運営は、牧師の扶養においても認められる。

「寡婦が牧師にいくら支払うかが問題となり、村は次のように決定した。糸繰りで稼いでいる者は三シング〔＝約一・八メートル〕の布地を、また竈付きの家を相続し、不自由ない暮らしをしている者は六〇ペンズをそれぞれ支払うべし。妻に先立たれた男も再婚したか否かを問わず家長 gazda として一フォリント二〇ペンズ〔＝一二〇ペンズ〕を支払うべし。〔…〕昨年の支払いの一部がなお滞っている。村長は教会世話人 aedilis とともに鋭意この問題にあたるべし」（一六二九年五月、シャーラ教区）[31]。「〔住民は〕十分の一税を正確に払わず、各々望むだけを払っている。原因は村長が徴収のために職務に忠実に巡回しないことにある。〔巡察官は〕次のように決定した。教会が住民から十分の一税徴収人 dézmás を選び、不正をなくすように。あるいは、十分の一税が正しく支払われるよう、ある者がブドウを摘むときは申告し、村長立会いのもとにどれだけ払ったかをみることが望ましい。貴族たちは貴族特許状 armális で皇帝から免除されたとして十分の一税を払わない。教会は州に訴えることとする」（一六二九年九月、センテシュ教区）[32]。

シャーラ教区の例にみられるように、牧師への支払い金額を協議し、世帯間の分担額を決定したのは村落であり、センテシュ教区のように、その徴収を行うのは住民から選出された「教会世話人」あるいは「村長」であった[33]。貴族の分担分を除けば、その滞納は個々の家長を超えて村落の責任であるとの認識が存在したようである。村落・市場町は牧師への給与を決定し、義務不履行に際しては共同で責任を負う存在であったといえる[34]。以上のように、財政負担を伴う教区運営の諸問題に村落・市場町が貴族と並んで不可欠の役割を果していたことは明らかである。こうした村落・市場町の活動は、さらに、住民の教化の領域においても確認できる。

前節でみたように、教会巡察において巡察官らが大きな関心をよせていた事柄は、言語習慣・生活習慣の改善という問題であった。「魂」や「洗礼」という言葉を口にして人を罵り、みだりにキリストの名を口にしたりすることや酒宴、糸つむぎ会などの取締りには村落・市場町の積極的な関与がみられる。しかし、規制対象や方法については巡察官との間に見解の相違が存在し、教会側の意図したモラル改善の試みを阻害する一因ともなっていた。例を挙げよう。

「魂という言葉を用いる者をいかに罰するか」との問いに、住民は「手枷をはめる」と答えた。これに対し巡察牧師たちは、次のように指導した。「手は涜神的言葉を発しないのだから手枷で罰するのは適切でない。首枷で罰すべきである。ある者が一度目に魂や洗礼を口にしたら、説教が行われる間首枷をはめておくこと。二度目には、半日間首枷をはめておくこと。三度目には、さらし台で肩と尻を固定すること」（一六二九年五月、セーレーシュケ教区[35]）。「妻帯者、町民が魂や洗礼という言葉を用い、にもかかわらず枷をはめられたくない場合は一フォリント〔を支払い〕、人々はその罪を〔ワイン等を〕飲んですませている。手に〔枷を〕はめられた場合は、説教の間その場所に立ち、説教の後、三度打擲《ちょうちゃく》されている〔…〕」（一六二九年九月、ツィガーンド教区[36]）。「牧師の息子が元日に魂という言葉を用いて涜神的言動をした。村長はこの打擲に値する者に手枷をはめた。〔巡察官たちは〕魂を口にする者には首枷をはめるよう指導した。教会にとり望ましいのは、〔…〕教会が厳重に処罰することである」（一六二九年五月、ホルヴァート教区[37]）。

これらの記述から、村落・市場町の指導層が教区民のモラルに関する言語習慣・生活習慣の規制に一定の役割を果していたことを読みとることができる。巡察を行った牧師らは罪が正しく罰せられていないことを注意し、処罰の方法を指導したが、その前提には末端の裁判主体として日常的に村落秩序の維持にあたった村落・市場町の活動があったことが垣間みられる[38]。違反者への処罰方法自体がこうした村落・市場町の機能を端的に示している。すなわち、一方で教会側は、首枷をはめる、「さらし台」に載せ、説教後に打擲するなど、住民の名誉を著しく傷つけたであろう処罰を徹底させようとしたが、これらは隣人間に働く圧力を利用してモラルを維持しようとする試みであったと考えられる。他方、現実になされた村落・市場町の処罰方法はより穏健であったが、やはり「共同体」を考慮したものであった。村落・市場町は罪を犯した者に対し手枷をはめるだけですませ、しかもその処罰は罰金を支払い、ワインなどを振る舞うことで代替することができた。こうした処罰方法は、違反者を過度に辱めることを避け、「共同体」成員に対する償いを重視するものであったといえる。(39) 違反者に対する教会と村落・市場町の態度は異なったが、両者はともに村落・市場町の「共同体」としての機能を利用してモラルの改善を試みたとみることができる。ミシュコルツィの主席牧師時代の巡察記録において領主に領民のモラル規制を要請した事例はほとんどみられず、(40) この領域においても教区を構成した村落・市場町が教区の秩序維持の役割を期待され、実施していたということができる。

戦乱と貧困による良好とはいえない教区生活のなか、村落・市場町は教会運営上の財政負担と住民のモラル改善に不可欠の役割を担っていた。改革派教会はこうした村落・市場町の活動を基盤にしていたといえる。しかし、モラル改善の問題においてみられたように、村落・市場町の固有の活動は周囲との摩擦の原因ともなっていた。次節では、そうした摩擦・対立に焦点をあて、村落・市場町の活動に対する領主と教会の対応、地域社会における秩序維持のあり方を考察する。

三　教区の紛争解決——牧師人事をめぐって

教区運営をめぐる摩擦・対立の事例として、牧師人事問題をとりあげる。教区に配置された牧師は教会行政の末端として教会と教区民、さらには教区民間の利害関係の狭間にあり、各者の見解のずれや利害対立の絡み合う焦点となっていたと考えられるからである。

牧師人事規定

まず教会規定の条項によりつつ、教会が定めた原則をおさえておきたい。一七世紀前半までに各地で作成された教会規定には、牧師人事に関して教会会議による人物評価と並んで教区民の選出を重視する条項をみいだすことができる。早くはティサ川東部改革派管区で作成された『デブレツェン信仰告白』(一五六二年)に、牧師人事で配慮すべき事柄として選出・召命・審査が挙げられ、「とくに選出と召命は会衆、すなわち民衆自身に関わり、審査は教会に関わる」との条項がみられる。(41) また、ゼンプレーンの主席牧師も参加した一六四六年の全国教会会議決議では、牧師の任命に関し「管区の主席牧師たちは会衆に反して牧師を配置するのでなく、彼らが法に則り選んだ者が能力・信仰において望ましい人物である限り、その者を喜んで迎えさせること」(一四項)とされた。(42) 教会は「会衆」の牧師任命への参加を積極的に位置づけていたといえる。

教区住民の意向は牧師着任後にも重視されていた。一七世紀前半のゼンプレーンで用いられたいわゆる『北部ハンガリー教会規定』(一五九五年)では、「牧師任命は会衆の支度金なしには行いえないので、任命された者たちは感謝の意を示し、会衆の同意や希望がない限り二年以内にその地を去ることのないように」(八項)とされた。(43) また、隣接主席牧師区で用いられた『ボルショド・ゲメル・キシュホント教会規定』では、第二三項で任期満了後の留任決定方法が具体的に次のように定められている。

「すべての聖職者は司牧活動の最後の月に、公の場で会衆に〔留任〕許可を求め、会衆の考えを知るように。

もし〔牧師が〕会衆にとって望ましく、彼の解任に正当な理由が出されなければ、次の年もその地位に止まるように。しかしもし、一週間の交渉の末でも将来の条件や留任について会衆と合意に至らなければ、牧師は主席牧師のもとへ行き、他所へ移動する許可を得るように(44)」。

こうして、教会規定は最終的な決定権を教会当局に留保しつつ、「選出」と「留任決定」による教区住民の人事決定への参加を「会衆」の権利と位置づけていたことが確認できる。

ここで「会衆」に農民身分が含まれるか否かが問題となるが、この点は規範史料である教会規定からは必ずしも明らかとならない。この問題に関しては、牧師人事問題を処理する教会会議の場での主席牧師の見解が解答を示している。一六三三年、ウーイヘイでの教会会議におけるミシュコルツィの演説からは、牧師人事に決定権をもつ者として村落・市場町指導部と領主が想定されていたことが確認できるのである。

「牧師は一人が恣意的に選ぶのではなく、会衆全体 egész gyülekezet で選ぶように。ただし、私〔ミシュコルツィ〕は会衆という言葉で市場町や村落の全ての人々でなく、市場町や村落を代表する参事会 magistratus と説教師団 prédikátorok presbyterium(45)を想定している。〔…〕しかしわれわれは、キリストに心から口づけするようなキリスト教領主たち keresztyén földesurai をいかなる場所でも排除するものではない。むしろ、不潔で知識のない農民を彼らと同等の地位におくことはしない。〔…〕彼ら〔農民〕のなかには、任職される説教師が良心的で親しみやすく、あるいは縁故関係があったりするだけで、たとえ知識がなくとも彼を尊敬し、知識ある者よりも高く評価する者もいるのだから(46)〔…〕」。

ここでは、農民の判断力への不信感や身分秩序への配慮が表明されているものの、村落・市場町の教会人事への関与を否定するという考えは主席牧師の念頭に上っていない。村落・市場町の牧師人事への参加は、制度的に定着したものであったと考えてよいであろう。そこで次に、牧師人事をめぐる対立の事例をとりあげつつ、実際の村落・市場町の行動とこれに対する教会・領主の対応をみることにしたい。

牧師人事をめぐる対立

まず、村落・市場町による牧師解任事例として、一六二九年の市場町ボドログケレストゥールの事例をとりあげたい。この案件は一六二九年五月、エルデーベーニェでの教会会議で扱われた。以下に会議録の該当部分を引用する。

「ボドログケレストゥールの人々は第一牧師カッシャイ・ヤーノシュ殿に解任を告げた。彼らは町の印章を付した文書を携えた三人の住民を派遣し、解任について四つの理由を示した。

第一点。〔…〕、ヤーノシュ殿は喪中の寡婦の聖餐式参加を〔…〕譴責すべきでなく、その行為ゆえに解任を告げられてしかるべきであった。〔…〕ただし、牧師が寡婦にさらし台での鞭打ちをいい渡したことについては、〔ボドログ〕ケレストゥールの人々が十分な証拠により証明せねばならない〔…〕。第二点。〔同牧師が〕教会高座に座っていた若者たちに誰かれ構わず悪餓鬼、臼責めや絞首に値する者どもと呼んだというが、これは敵意からではなかった〔…〕。第三点。〔同牧師が〕教会堂で参審人の一人を理由なく嘘つき呼ばわりしたことに関しても、対立者とすでに和解したのだから〔解任の〕理由とはならない。〔…〕。第四点。人々は同僚の第二牧師の損害や不名誉を省みず、〔同牧師を〕降格するよう望んだ。教会に告げ、その許可により第一牧師職につけた者を、教会に告げることなく解任したのである。〔…〕彼は共同体の意思を知り、より不名誉なことにならぬよう、教会規定に則り〔退去に必要な〕一年が経過したことを人々に告げた。彼は解任通告を望んで去ったのでなく、会衆がよき意図から改心し、かつての地位に戻すことを望んでいた。彼の退去は教会法に反せず、解職に値するものでもない(47)」。

市場町が提出したという文書の所在は不明だが、この記録から市場町が「共同体の意思」として牧師に解任宣告し、その後一年以上経過した後に初めて教会当局に決定を報告したことが確認できる。解任理由としては、住民に対する牧師の不適切な譴責(第一〜三点)と無断での教区からの退去(第四点)が挙げられたとされ、住民に被害を与える牧師を解任できるとの意識が市場町側に存在したことがうかがわれる。

同様の意識や行動は他の中小村落にもみられ、ボドログケレストゥールのケースが例外的ではなかったことを示している。

例えば、三つの中規模村落からなるカヤタ教区では、一六二九年に「カヤタ村とビステ村、パールハーズ村の村長と住民」が書簡でヴァーリ・イシュトヴァーンの牧師着任を許可するよう主席牧師に要請した。ところが、その後、娘教会であるビステ村の「会衆」は「教会がわれらのもとでの牧師の活動を定めるならば、われらは〔牧師への〕支払いを定める」として牧師への給金をとりきめ通り払おうとしなくなった。こうした対立の後、一六三一年、牧師ヴァーリの任期満了を待ってビステ村の「会衆」はヴァーリの留任を拒んだという(48)。

また、同じく中規模の村落であったペレイテ村では、教会用地の利用方法をめぐって牧師イェストレービ・イシュトヴァーンと「村民」との間に争いがあり、ある者は牧師を「淫売の息子」と罵り、また教会世話人は牧師のために徴収した物品を売りさばき、その金で「村人たちで〔酒を〕飲んだ」りして牧師との対立を深めていた。

主席牧師は近隣の牧師を派遣して事態の収拾にあたったが効果なく、一六三二年三月、牧師イェストレービは「村落」により解任を通告された。イェストレービの報告によれば、解任の直接のきっかけは領主との対立であった。すなわち、牧師が教会用地の耕作に対する使用料を住民から厳密にとりたてようとしたところ、領主ミハーイの所領の農民がこれに耐え切れずに逃亡した。これにより損害を被ったミハーイが、「セーチの教師を自らの費用で任職させるので、住民はこの牧師を解任する」よう村落を説得したのだという。[49]

前者ビステ村の事例では、牧師のサービスを不満とした「会衆」が牧師の解任を決定しており、後者ペレイテ村の事例では、牧師と対立していた「村民」と「領主」が、「村落」の名のもとに牧師解任を決定し、牧師に通告した。こうして、中小の村落もまた、自らの名において牧師人事に関与していた事実が確認できる。

こうした村落・市場町の行動に対する教会の対応は、先のボドログケレストゥールの案件への対応に特徴的に現れている。そこでは、まず事実関係を明らかにするため、主席牧師以下数名が当地に赴き、「町長と一二人の参審人、貴族たち」から事情を聴取することが決定された。そのうえで、解任理由が先の文書内容のみであると判明すれば、まず貴族に牧師への見解をたずねることとし、その答えに応じて次の三通りの対応を決めた。①「教皇派領主 pápista földesura がいれば共同体にも教皇派の説教師をおき、教会保護者 patronus がルター派ならばルター派の牧師をおくべき」であるので、貴族が牧師に好意をもっていた場合は「彼らの特権に反して共同体 község が説教師を選び、連れてくることを許さない」。②それでも住民が貴族たちの意向に反して牧師の解任決定にこだわるようであれば、教会裁判で裁く。③貴族と住民が一致して牧師解任を望んだ場合は、牧師に対しては教会が別の職場をみつけるまで現職に止まらせる。住民には解任理由の不十分さを示し、牧師解任決定に真の十分な根拠が示されるまで教会の権威により次の牧師をさがさせない。[50]

このように、教会はしばしば村落・市場町の権利を限定的なものととらえ、貴族の権利の優位を主張して解任決定を覆そうとした。ただし、こうした主張は必ずしも原則的なものとはいえない。教会当局は解任理由の不十分さを問題としたのであり、③での貴族の権利の軽視にみられるように、貴族の権利は市場町の「不当な」決定を覆すための方策としてもち出されたにすぎないと考えられる。後にみるように、教会は領主の解任決定に対しては逆に村落・市場町の権利をもち出しており[51]、両者の見解の相違を利用して牧師の地位の安定を図ろうとしたとみられるのである。

次に牧師人事における領主の動きをみてみたい。領主が教会運営の諸問題に介入する際、根拠となったのは「教会保護権」であった。ハンガリーでは、一二世紀頃から教会への土地・建物・聖職禄提供の代償として、貴族が聖職者推挙や教会財産監督権を主内容とする「教会保護権」を行使する慣行が定着し、この権利関係は宗教改革後も存続した[52]。例えば、次に挙げる市場町ヴァランノーの牧師解任では、領主は「教会保護権」に基づき行動したとみられる。

一六三〇年二月一七日、ヴァランノーの女領主テレグディ・アンナは主席牧師への書簡で、牧師トルナイ・ヤーノシュを解任し、後任にヤーンキ・ヤーノシュをすえる旨報告した。これに対し主席牧師は、冬期に老人が家畜を連れて転居するのは難儀であるとして「聖ジェルジの日〔四月二四日〕まで教区に止めておくこと」を要請し、その代わりに退去の際には、彼が後任者のための物をもち去って教区を荒廃させることのないよう監督すると申し出た。その後の領主の対応は明らかでないが、同年三月の教会会議で「トルナイ・ヤーノシュは〔…〕彼自身領主殿に好意をもたれていないことを知っているので、退去すべき」とされ、退去後の問題についての決定がみられることから、主席牧師の要請は聞き入れられなかったものとみられる[53]。

このケースでは、領主は牧師解任を事後的に報告し、解任時期の延期を要請した主席牧師の言葉をよそに即時解任を行ったと考えられる。主席牧師が言及する領主の書簡内容が不明であるため、彼女が「教会保護権」を明示したか否かは必ずしも明らかでない。この解任要求が教区民の決定を根拠としていた可能性もあるのである。[54] しかし、主席牧師が書簡で「教会保護者殿」と呼びかけているように、教会側は領主の権利を認識しており、また教会会議でも退去すべき理由として「領主殿に好意をもたれていない」ことのみが指摘されていることから、解任決定が「教会保護権」に基づいてなされた可能性は高い。

こうした貴族の牧師人事への介入は、次のナジアザル教区の事例が示すように、一村以下の所領しかもたない小貴族の場合にもみられた。一六三二年、教区のナジアザル、キシュアザル両村の数人の貴族が、牧師の人事問題に関して貴族州に主席牧師を訴え出た。主席牧師が州集会に送付した弁明文書の写しによれば、事の経過は次のようであった。先の教会会議の折、アザルの貴族たちは「旧き慣行」を根拠に牧師が毎週日曜に二度ずつ説教を行うことを要求したが、教会の調査によりそのような慣行は過去にもなかったことが判明した。これに対し、貴族らは主席牧師が日々の礼拝とカテキスム教育を禁じたと州集会に訴えた。さらにその後、貴族たちは主席牧師が「彼らの意図に反して牧師をおいている」と非難するに至った。訴えを受けた貴族州は、主席牧師がアザルの貴族たちの「特権 praerogativ」に反して彼らのところに牧師をおかないよう望むとして、その意向を主席牧師に通達した。主席牧師はこれに次のように反論している。

「われわれはどのような場所にも聴衆 auditórok の意図に反して、旦那方のワイン〔すなわち負担金〕で説教師をおくことはない。われわれはまず説教のため〔牧師を〕送りこみ、人々がその者を気に入った場合はその場に止めおくが、そうでなければ他所へ送り出す〔…〕いったい誰が主席牧師へ通達して牧師を呼びよせ、彼に飽きたら主席牧師に知らせず牧師を解任する特権をアザルの貴族たちに与えたというのか。誰も与えるはずはなく、自分たちで濫用しているにすぎない[55]」。

ここでは、貴族たちが自らの意図により牧師をおく権利を「特権」として要求したことが確認できる。貴族州の対応からみて、こうした「特権」意識は貴族たちに広く共有されていたと考えられる。これに対し、教会会議は主席牧師に知らせず牧師を解任することを「特権」濫用と攻撃し、「会衆の意図」の重要性をもち出している。このように教会は、村落・市場町の決定に対しては領主の同意を、また領主の決定に対しては「会衆の意図」を要求することにより、一部の貴族による恣意的な牧師人事を牽制していたことがうかがわれる。

それでは、こうした「特権」を有した貴族は村落・市場町の行動にどのように対応したのだろうか。じつは、この問題は明確な形で史料に現れてこない。少なくとも今回調査したミシュコルツィ在任期の教会側の史料には、領主と領民が真っ向から対立した事例は一件もみられない。その理由は、おそらく、先に確認した教会の原則(牧師人事における村落・市場町と貴族の一致)が村落・市場町、貴族の間に共有されていたことに求められる。例えば、村落の名のもとに解任が行われた先のペレイテ村の事例では、牧師により被害を受けた領主が、「村」に対して新しい牧師任用の費用負担を約束してまでもその説得にあたっていた。また、領主から直接解任が報告された先のヴァランノーの事例では、領主の報告に前後して相次いで教区のヴァランノー町とイジェープ村からそれぞれ牧師への不満を表明する文書が提出されており[56]、領主・領民間で何らかの同意確認があったことがうかがわれるのである。

こうした領主・領民間の同意形成過程において、領主の強制が決定的であったと想定することは、おそらく事実に反する。いくつかの状況証拠が示すように、領主は領民の信仰生活を守る役割を期待されており、領民の意思決定に配慮せざるをえなかったと考えられるからである。これを最も特徴的に示すのが、領主と領民の宗派帰属が異なる場合の領主の行動である。管区内の中部から北部にかけては一教区内に複数宗派が並存する地域が多くみられたが、そうした地域においても領主が恣意的に牧師を決定し、領主が奉じる宗派の牧師に従うよう住民に強いた事例はみいだされない。次に挙げるヴァランノーの例にみられるように、領主はむしろ他宗派に属する住民をも保護する役割を期待され、果していた。

一六二九年に北部の市場町ストロプコーの修道院を奪還したフランシスコ会は周辺村落への布教を開始し、一六三〇年には福音派住民が使用していたヴァランノーの「スラヴ人の教会」(すなわち福音派教会)を奪還しようとした。この情報を得た主席牧師は、日誌に次のような対策を記した。まずなされるべきことは、ヴァランノーの改革派女領主テレグディ・アンナに書簡を送り、独力で教会を守るかあるいは州集会に訴え出るかを確認することであった。そのうえで、もし彼女にその意思がなければ、教会当局が直接王国判事に訴えるとした。一方、ヴァランノーの福音派牧師ペトルス・ベルゲルスには、「断固として振る舞い、トート人(=西スラヴ人)が二、三人になってももちこたえるよう」手紙を書くと記している。このような対策に基づき主席牧師と領主との間で実際に書簡が交わされたのかは不明だが、フランシスコ会士の報告から領主の行動を知ることができる。それによれば、彼らが教会堂を占拠しようとしたとき、「異端者たち」が武器をもって敵対し、「頑迷なカルヴァン派」領主テレグディ・アンナが教会堂とその財産に固執して譲らなかったため、修道院奪還はみおくられ、修道士らはそこから避難しなければならなかったという(57)。

ここでの主席牧師と改革派領主の対応からは、領主が宗派の別を問わず住民の信仰を保護する義務を負うべきであるとの通念が、教会と領主の双方に共有されていたことがうかがわれる。主席牧師は、こうした通念を背景に領主の行動を期待し、また領主も住民とともに行動を起したと考えられるのである。

領主が自らと異なる宗派の領民の信仰をも守るべきとする通念は、カトリック領主にもみられ、少なくともこの一帯では広く浸透していたことが推測される。例えば、先のヴァランノーの紛争でフランシスコ会を支持したとみられるチチヴァ城主ホモンナイですら、自らの所領に関しては領民を強制的に改宗させることを所領総監督に禁じていた。[58]また、市場町シャーロシュパタクでは、領主がカトリックへ再改宗した後も改革派牧師の扶養負担の一部を領主が負っていたことが明らかにされている。[59]領主・領民間の合意形成についてはさらに詳細な検討が必要であるが、少なくとも領主の無限定な自由を想定しえないことは確かであろう。

最後に、残されたケースである教区内の村落間の対立事例に触れておきたい。これまでにみた村落・市場町の権利はしばしば他村落との衝突をも呼び起こし、教区の不安定要因となった。

次の事例は、牧師館建設をめぐる村落間の対立が牧師人事問題へと発展したケースである。コズマ教区の母教会コズマ村と娘教会コルバーシャ村との対立は一六三一年、ヘルメツで開催された教会会議で扱われた。その概要は以下の通りであった。「コルバーシャ村の人々」が彼らの森林利用によるコズマ村への牧師館建設を拒んだのに対し、コズマ村も自分たちの森林木材使用に反対し、「時間の猶予が得られれば、自分たちだけで建設する」と譲らなかった。コルバーシャ村はこのコズマ村の対応に反発し、ついには「自分たちの村に牧師をおく」ことを要求するに至ったという。教会会議は仲裁を試みたが、その後も両村に歩みよりはみられず、翌年の巡察記録には、「コルバーシャ村の人々が、もし自分たちがコズマ村の人々と妥協できなければ牧師は自分で自分を扶養するように、と牧師に告げ」、被害を恐れた牧師が配置転換を願い出たとの報告がみられる。さらにその翌年の教会会議では、コルバーシャ村の人々が再度、牧師配属を要求した。これに対し、教会会議は教区分割 scissió を「一人の乞食から二人の乞食をつくり出す」行為とし、コルバーシャ村のいい分どおりコズマ村がこれまで同様木材を供出すべしとして事態の収拾を図った。[60]ここでは、母教会と娘教会の間で教区運営負担と牧師のサービスのバランスが不当とみなされたために、教区分割によって問題を解消しようとする試みがなされたと考えられる。こうした教区分割はこの時期頻繁に起っており、村落に対する教区共同体の結合の不安定さをうかがわせる。また、次のナジアザル教区の事例にみられるように、村落間の対立は、領主同士の対立と絡み合うこともあり、教区共同体を一層不安定なものとした。

一六三三年九月、ガールセーチの教会会議において、ナジアザル教区の娘教会キシュアザル村の「分割」要求がとりあげられた。問題の発端は、前任牧師が教区を離れる際、「古き慣習を顧みずキシュアザルに別れを告げなかった」ことにあった。ナジアザル村の人々は、その場にいた二人のキシュアザル村民に対し「われわれはこれ〔牧師の退去〕を了承した。お前たちが不服であれば、自分たちで牧師をさがせばよい」といったという。これに憤ったキシュアザル村が、教区分割と自村への牧師配属を要求したというのである。ところが、調査の結果、紛争の背後には両村の領主間の教会保護権をめぐる争いがあったこと、キシュアザルの教会保護者タッシ・バラージュと牧師の間に対立があったこと、キシュアザル住民の牧師館建設拒否があったことが明らかとなった。このため教会会議は、教会保護者たちを和解させ、村落間の同権を確認して事態の収拾を図った。(61)

この事例では、村落同士の対立がそれぞれの領主の代理紛争という形をとっていたことがうかがわれる。教会側が原則としていた領主と村落・市場町の一致や領主の領民への配慮は、こうした形で教区共同体の不安定要因ともなっていたのである。

以上、本節では牧師人事上の摩擦・対立を素材に村落・市場町の行動と教会、領主の対応をみてきた。その結果、前節でみた教区運営の負担を背景として村落・市場町の権利とそれに基づく行動がみられたこと、またそれを前提として教会、貴族との間で教区秩序維持のための一定のルールが共有されていたことを確認できた。領主と領民の合意形成についてはさらに検討が必要だが、合意が必要との認識が領主と教会の双方に認識されていたことは強調されてよいであろう。

四　まとめ

一七世紀前半ハンガリー北東部の地域社会の宗教秩序において、村落・市場町は領主や宗派教会とともに固有の役割を担っていた。領主や教会による地域社会の秩序維持の試みは、こうした農民団体の活動に下支えされて初めて機能しえたと考えられる。村落・市場町が担った教会諸施設や牧師の扶養における諸負担、言語習慣・生活習慣の改善の試みは、共同体固有の価値観や隣人関係の力により機能しており、地域の諸権力はそれを利用しながら秩序維持を図っていた。また、牧師人事問題に顕著にみられたように、地域の宗教秩序の主導権を握ろうとする教会当局と領主の対立では、村落・市場町がキャスティング・ボートを握り、その同意の獲得が対立の行方を左右する要因ともなった。

他方、村落・市場町にとっても領主や教会当局は単なる支配権力以上の意味をもっていた。領主は教会保護者として教区民の信仰生活を守る役割を期待され、その役割を果そうとしていた。また教会当局は、牧師交代を通して村落・市場町と交渉し、身分秩序にも配慮しながら安定的なサービスを提供することに努めていた。このような農民と地域諸権力との関係は、支配従属関係のみでなく相互依存や契約関係の視点を含めて理解する必要があるであろう[62]。次章では、このような農民の自律性や諸権力との関わりを宗教以外の領域について検証するため、治安維持における農民の自治組織の役割や諸権力との関係に着目し、近世的社会秩序のあり方についてさらに考察をすすめていきたい。

（1）　Ödön Miklós, *A magyar protestáns egyházalkotmány kialakulása a reformáció századában* (Pápa, 1942), 150–177.

（2）本章で使用する史料は教会巡察記録、教会会議議事録、主席牧師日誌など教会側の史料である。A tiszáninneni református egyházkerület nagykönyvtára. Kéziirattár, Kt. 16–18. Prothocolum Venerabilis Tractus Zempleniensis; MOL Mikrőfilmtár. Református egyházkerület levéltárák régebbi könyvanyaga, 1907–1908 doboz. 本章対象時期の巡察記録の大部分および会議録・日誌の一部は活字化されており本章でも活用した。Jenő Zoványi (ed.), 'Miskolczi Csulyak István zempléni ref. esperes (1629–1645) egyházlátogatási jegyzőkönyvei', *TT* 54 (1906), 48–102, 266–313, 368–407; id. (ed.), 'A zempléni ref. dioecesis zsinatai Miskolczi Csulyak István esperes idejében, 1629–1645', *TT* 10 (1909),184–211, 406–438; id., 'Miskolczi Csulyak István esperesi naplója és leveleskönyve', *MPEA* 10 (1911), 26–142; 11 (1927), 168–191; 12 (1928), 186–219; 13 (1929), 142–147. これらを用いた研究には、ディエネシュの教会行政研究、マッカイおよびマードックのピューリタニズム研究がある。Dénes Dienes, *Tanulmányok a tiszáninneni református egyházkerület történetéből* (Sárospatak, 1998); Makkai, *A magyar puritánusok*; Graeme Murdock, *Calvinism on the Frontier. 1600–1660. International Calvinism and the Reformed Church in Hungary and Transylvania* (Oxford UP, 2000)

（3）László Makkai (ed.), *Jobbágytelek és parasztgazdaság az örökös jobbágyság kialakulásának korszakában. Tanulmányok Zemplén megye XVI–XVII. századi agrártörténetéből* (Budapest, 1966) 所収の各論文を参照。

（4）ハンガリー語史料では、西スラヴ族は「トート人 tót」、東スラヴ族は「ルテーン人 rutén」ないし「ロシア人 orosz」として現れる。この時期の住民の母語や宗派帰属の統計を示すことは難しいが、一七一五年に実施された人口調査記録によれば、主席牧師区の南部・南西部にあたるボドログケズ郡やシャーロシュパタク郡では「ハンガリー人」が八〇～九〇%と高い割合を占め、中部から北部にかけて西スラヴ族と東スラヴ族の割合が増し、ヴァランノー郡、ホモンナ郡では両者の割合が逆転した。Edit Tamás, 'Zemplén vármegye népessége a XVIII–XIX. században', in id. (ed.), *Zemplén népessége, települései. Tanulmányok Németh Gábor emlékére* (Sárospatak, 1999), 265–297.

（5）István Orosz, 'A hegyaljai mezővárosok társadalma a XVII. században', in id., *Hagyományok és megújulás. Válogatott tanulmányok a magyar mezővárosok történetéből* (Debrecen, 1995), 34–113.

（6）Tibor Wittman (ed.), *I. Rákóczi György birtokainak gazdasági iratai 1631–1648* (Budapest, 1954), 169–318; Gábor Németh, 'Mezővárosi önkormányzat és társadalmi meghatározói a XVI–XVII. századi Abaúj és Zemplén megyében. A szőlőművelő mezővárosok társadalmának és önkormányzatának összefüggései', *Agrártörténeti Szemle* 30 (1988), 326–334.

（7）Wittman, *I. Rákóczi György,* 58–60; Németh, 'Mezővárosi önkormányzat', 321–326.

（8）Miklós, *A magyar protestáns egyházalkotmány,* 100–122; Imre Révész, *Magyar református egyháztörténet. vol.1 1520 tájától 1608-ig* (Debrecen, 1938), 55–59, 71–73.

（9）Ibid., 132–137, 180–184.

（10）一六世紀末にトランシルヴァニア侯バートリ・イシュトヴァーンの指導でヴァランノー Varannó に「ルター派の同胞 lutheranus atyafia」の牧師長が配置された。改革派牧師たちはこれを「合同 unió」と理解しており、福音派牧師と信徒はその後も改革派主席牧師区の管轄下にあった。László Hegedűs (ed.), 'Magyar prot. egyháztörténeti kútfők. A zempléni helv. hit. Egyházmegye jegyzőkönyvéből', *SF* 1 (1857–1858), 756. また次をも参照。Dénes Dienes, 'Szláv ajkú protestánsok Zemplén vármegyében a 17. században. Adalékok a szláv-magyar nyelvhatár kérdéséhez', in Tamás(ed.), *Zepmlén népessége*, 104–111.

（11）MOL REL 1907 doboz, Catalogus sive series parochiarum senioratus de Zemplen. Nomina oppidorum & pagorum Comitatus seu verius dioeceseos Zemplen.

（12）ゼンプレーン主席牧師区で用いられた『北部ハンガリー協会規定』では、第五二項に次の規定がみられる。「牧師と住民がそれぞれの義務を果すよう、定着した慣行に従い毎年全ての教会を巡察すべし」。Áron Kiss (ed.), *A XVI. században tartott magyar református zsinatok végzései* (Budapest, 1881) , 722.

（13）巡察のため作成された『質問条項』によれば、巡察では教会諸施設を調査した後、牧師については教区民から、教区民については牧師からそれぞれ職務や生活態度に関して聞きとりを行うこととされた。Jenő Zoványi (ed.), 'A zempléni ref. dioecesis egyházlátogatási kérdőpontjai', *PSz* 18 (1906), 40–41.

（14）Révész, *Magyar református egyháztörténet,* 180–204.

（15）ミシュコルツィは詩人としても知られる。著作目録は次を参照。István Harsányi, 'Miskolczi Csulyak István élete és munkái, 1575–1645', *ThSz* 2 (1926), 562–586.

（16）Révész, *Magyar református egyháztörténet,* 217–222.

（17）Zoványi (ed.), Egyházlátogatási jegyzőkönyvei, 83–84.

（18）一五九八年の租税台帳を分析したダーヴィドによれば、一〇世帯未満の村落はゼンプレーン州全体で約二五%を占めており、キシュバーリのケースは例外的ではなかった。Géza Dávid, 'Magyarország népessége a 16–17. században', in József Kovacsics (ed.), *Magyarország történeti demográfiája, 896–1995. Millicentenáriumi előadások* (Budapest 1997), 159–161.

(19) Zoványi (ed.), Egyházlátogatási jegyzőkönyvei, 89–90.

(20) Újváros, Varannó, Szacsúr, Polyánka, Újlak, Jesztréb, Szerdahely, Perbenyik の八教区。Zoványi (ed.), Egyházlátogatási jegyzőkönyvei, 68–69, 71–75, 80–81, 85–86, 94–95.

(21) Kisazar, Visnyó, Szécs, Ricse の四教区。Zoványi (ed.), Egyházlátogatási jegyzőkönyvei, 70–71, 76, 96.

(22) Erzsébet Ladányi, 'The Graduates of the Sárospatak School in the Time of Comenius in the Everyday Life of the Hegyalja District', in Éva Földes, István Mészáros (eds.), *Comenius and Hungary. Essays* (Budapest, 1973), 133–144.

(23) Zoványi (ed.), Egyházlátogatási jegyzőkönyvei, 65–66.

(24) Ibid., 63.

(25) Ibid., 94–95.

(26) Ibid., 387. また、北部のミグレース村住民は「ハンガリー語とトート語の二つの言葉ができる説教師」をさがすよう主席牧師に要求している。Zoványi (ed.), Naplója és leveleskönyve, 35.

(27) この問題については、マードックが本章より長期間の巡察記録を用いて倫理意識の変化について論じている。Murdock, *Calvinism on the Frontier,* 198–228.

(28) 酒宴は祭日などに居酒屋で催され、暴飲暴食や乱痴気騒ぎ、モラルの乱れが教会の攻撃対象とされた。カーニバルの禁止もほぼ同様の理由による。糸つむぎ会は農閑期に女性が集う場であったが、教会は性生活の乱れの原因とみなして取締りを試みた。Murdock, *Calvinism on the Frontier,* 220–225.

(29) Zoványi (ed.), Egyházlátogatási jegyzőkönyvei, 58–59.

(30) Ibid., 84–85.

(31) Ibid., 53.

(32) Ibid., 88–89.

(33) Gábor Németh (ed.), *Hegyaljai mezővárosok "törvényei" a XVII–XVIII. századból* (Budapest, 1990), 45–46, 74–75, 103.

(34) Graeme Murdock, 'Church Building and Discipline in Early Seventeenth Century Hungary and Transylvania', in Karin Maag (ed.), *The Reformation in Eastern and Central Europe* (Aldershot, 1997), 142–146.

（35）Zoványi (ed.), Egyházlátogatási jegyzőkönyvei, 58–59.
（36）Ibid., 97.
（37）Ibid., 50–51.
（38）Eckhart Ferenc, *A földesúri büntetőbíráskodás a XVI–XVII. században* (Budapest, 1954), 8–26. エックハルトは近世の村落裁判に領主裁判の下級機関としての性格しか認めていない。
（39）Heinrich Richard Schmidt, 'Sozialdisziplinierung? Ein Plädoyer für das Ende des Etatismus in der Konfessionalisierungsforschung', *Historische Zeitschrift* 265 (1997), 651–660.
（40）ショークトSókut教区巡察記録に次の記述がみられる。「教会は〔領主〕ニャーリ殿に要請し、悪事の巣窟である糸つむぎ会と酒宴を領主の権威で禁止してもらう必要がある。なぜなら、村人にそれを禁止する力はないのだから」。Zoványi (ed.), Egyházlátogatási jegyzőkönyvei, 73.
（41）Kiss (ed.), Zsinatok végzései, 242.
（42）Áron Kiss (ed.), *Geleji Katona István egyházi kánonai és a szatmári reform. egyházmegye érvényes statutumai* (Kecskemét, 1875), 93.
（43）Kiss (ed.), *Zsinatok végzései*, 711.
（44）Ibid., 727.
（45）ここでのプレスビテリウムは、俗人を含めた「長老会」ではなく、主席牧師と数人の助役牧師からなる教会指導層を指す。「長老会」設置の試みにミシュコルツィは反対の立場を表明しており、この発言を「長老会」の意味で理解することはできない。Murdock, *Calvinism on the Frontier*, 171–197.
（46）Zoványi (ed.), Diocesis zsinatai, 423.
（47）MOL REL 1907 doboz, Diarium Seniorat mei. anno 1629 2 Maji inchoatum, 8–9; Zoványi (ed.), Diocesis zsinatai, 192–193.
（48）Zoványi (ed.), Diocesis zsinatai, 415; Zoványi (ed.), Naplója és leveleskönyve, 31, 98–99, 106, 112–113.
（49）Zoványi (ed.), Diocesis zsinatai, 420; Zoványi (ed.), Naplója és leveleskönyve, 112–113, 131.
（50）Zoványi (ed.), Diocesis zsinatai, 193.
（51）本書一四二―一四三頁を参照。

（52） Révész, *Magyar református egyháztörténet,* 55–59.

（53） Zoványi (ed.), Egyházlátogatási jegyzőköyvei, 71–73; Zoványi (ed.), Diocesis zsinatai, 206–207, 210–211; Zoványi (ed.), Naplója és leveleskönyve, 37–43, 74–78.

（54） 一六二九年の主席牧師日誌には，ヴァランノーとイジェープ村の住民が牧師トルナイへの批判（過剰な取立て，賦役，住民の罵倒）を陳情したとの記事がみられ，解任の背景に住民と牧師との対立が存在した可能性は高い。Zoványi (ed.), Naplója és leveleskönyve, 37–43.

（55） Zoványi (ed.), Naplója és leveleskönyve, 30–31, 35, 134–136.

（56） 本章註（53）を参照。

（57） Zoványi (ed.), Egyházlátogatási jegyzőköyvei, 71–73, 306–307; Zoványi (ed.), Naplója és leveleskönyve, 81–82, 92–93. フランシスコ会側の史料は，István György Tóth (ed.), *Relationes Missionariorum de Hungaria et Transilvania, 1627–1707* (Budapest/Roma, 1994), 46–50. なお，Antal Molnár, 'Olasz minoriták a XVII. századi Felső-Magyarországon. A kora újkori magyarországi missziók elméleti alapvetésének és tevékenységi formáinak történetéhez', *Aetas* 3 (1992), 44–77; István György Tóth, 'Hittérítés vallásszabadság nélkül. Olasz missziónáriusok és magyar nemesurak a 17. századi Magyarországon', *Sz* 135 (2001), 1313–1347 をも参照。

（58） Elek Virágh (ed.), 'A csicsva-vári udvarbiránák, Eszterházy és Homonnay részrül adott utasítása', *MGSz* 4 (1897), 336.

（59） Katalin Péter, A református gyülekezet első száz éve Sárospatakon, in Glatz Ferenc (ed.), *A tudomány szolgálatában. Emlékkönyv Benda Kálmán 80. születésnapjára* (Budapest, 1993), 113–122. 西端のタールカニ村でも，貴族による教会に至る道の占拠に対し教会会議が教会保護者による提訴を要請した。Zoványi (ed.), Diocesis zsinatai, 425.

（60） Zoványi (ed.), Egyházlátogatási jegyzőköyvei, 274–275; Zoványi (ed.), Diocesis zsinatai, 415, 435–437.

（61） Zoványi (ed.), Egyházlátogatási jegyzőköyvei, 70–71; Zoványi (ed.), Diocesis zsinatai, 409–410, 415, 431, 435.

（62） 本章とは異なる視点から領主・テレク保有農の関係と国王・貴族の封建的契約関係との類似性を指摘したペーテルの問題提起的論文を参照。Katalin Péter, 'Jobbágycsaládok életvitelének különbözőségei az örökös jobbágyság korában, 16–17. század', *Sz* 134 (2000), 549–578.

第五章　所領の治安維持

本章では、所領の平和・治安維持制度を素材に、社会秩序形成における領主と村落・市場町の関係を考察する。地域の紛争処理や治安維持における領主と村落・市場町の活動の実態をできる限り具体的に描き出すことが、ここでの目的である。三章でみたように、近世の所領の平和・治安維持制度の展開に関しては、領主裁判の機能拡張とその統制下におかれ領主の手先と化していく町村裁判というモデルが、なお有効な説明として存在する。しかし、諸法規の検討から明らかとなったように、紛争解決や治安維持における村落・市場町の役割はこの時代にますます重要となっており、右のようなモデルは少なくとも法制度の面からは妥当とはいえなかった。また、実態に関しても、四章で教区運営についてみたように、村落・市場町と領主の間には役割分担や相互依存など共生的関係が存在しており、そのような関係が平和・治安維持の分野でもみられたとの想定は可能であろう。そもそも、右のモデルを提示したエックハルトらの論証の素材は、もっぱら領主裁判記録が多く発見された西部の大貴族所領であり、ハンガリー王国全体に一般化できるものではない点には注意が必要である。とくに、一六、一七世紀を通じて戦乱にさらされ、住民の自衛が重大な関心事となっていた北東部地域では、村落・市場町の活動にも独自の展開があったことが予想される。また同一地域でも、王国財務局管轄下の直轄領と領主が世襲相続した私領の間では、裁判実施をめぐる領主と領民の関係が異なった可能性もある。このような可能性を念頭におきつつ、本章では、王国北東部の直轄領と私領からそれぞれひとつずつ事例をとりあげ、考察を進めていくことにする。

一　領主裁判と町村裁判

まず、直轄領の事例としてセンドレー領をとりあげ、領主側がいかなる意図で裁判を主宰し、領民がどのように領主裁判に関わっていたかを検討する(1)。この所領をとりあげる理由は、その地勢的条件と史料状況の良好さにある。センドレー領の周辺一帯はハンガリー王国とオスマン朝、トランシルヴァニア侯国の狭間におかれ、各勢力が競合する場となっていた。とりわけ、一五九六年に王国北東部の要衝エゲルが陥落した後は、センドレー城がこれに代わって王国防衛の一拠点としての役割を担うことになった。オスマン朝との恒常的な小競り合いや、保護を求めて新参者が流入するなかで、領内の治安維持は領主と領民の双方にとり深刻な課題となっていったと考えられる。また史料面では、他の多くの北東部所領と同様にこの所領でもまとまった領主裁判記録は発見されなかったものの、直轄領時代の土地台帳などが豊富に存在するため、領主裁判についても比較的多くの情報を得ることができる。以下では、そうした史料を用いて領主支配の概要と領主の裁判実施意図をみた後、秩序維持に関する領主と領民の関わりを検討していくことにする。

所領概観

センドレー領は、ボルショド州北部からゲメル州にまたがる丘陵・渓谷地帯に位置した。一五世紀末にはボードヴァ渓谷に位置する九カ村からなる小規模所領にすぎなかったが、一六世紀前半の政治的混乱に乗じて領主ベベク家が周辺領地を接収し、世紀半ばには四つの市場町と二五の村落を包摂するまでに拡大した。一六世紀半ばの国王二重選挙に伴う内乱期、ベベク家はサポヤイ家側に立ってハプスブルク家と敵対したため、センドレー城は一五六六年にフェルディナーンド一世の派遣した軍に攻略された。翌一五六七年には所領が直轄領に併合され、以後七十年余りの間、王国北部を管轄するセペシュ王国財務局 Szepesi Kamara が領主権を行使した。この直轄領への併合の際、所領の中心であったセンドレー城が国境守備城に設定され、オスマン朝に対する防備の要衝として重要性を高めた。所領は一六三三年まで直轄領に止まった後、チャーキ家（一六三三〜四一年）、スーニョグ家（一六四一〜四六年）、ヴェッシェレーニ家（一六四六〜七〇年）といった大貴族の手を転々とした。直轄領時代の末には所領内の村落・市場町の一部がオスマン朝の支配下に入り、また一部は入質・売却されたため、所領の規模は徐々に縮小していった。

領民構成をみると、そのほとんどが農民身分や保有地なし農民として村落ないし市場町に居住していた。一五七〇年の土地台帳には、所領内の二九の村落・市場町におよそ五五〇戸の農民世帯が記載され、村ごとに、また保有地のもち分に応じて貢納義務が定められた(2)。ただし、センドレー城が国境守備城とされたことに伴い、一六世紀後半以降は城下を中心に貴族や城への奉仕によって自由身分を獲得した者も多くみられるようになった。一七世紀末のセンドレー町では、一五〇名以上の貴族身分の者が居を構え、自由身分は三五人、農民身分は一五名を数えるのみという特異な状況が生じていた。貴族身分のほとんどは城に勤務する兵士であり、また安全を求めて自らの領地を離れ住みついた者たちであった。彼らのなかには城領の内外に土地を獲得する者も現れ、領内の土地権利関係を錯綜したものにしていた(3)。

村落・市場町は、課税単位であると同時に自治の単位でもあった。村落・市場町では住民から判事 judex, bíró

と呼ばれた町村長(4)が選出され、同じく住民選出による数名の参審人とともに税の徴収や生産管理などにあたった。この地域の町村長は、土地保有農民からのみでなく貴族や保有地なし農民をも含んだ幅広い階層から選出され、数年ごとに改選されていた(5)。さらに、村落・市場町の枠組みとは別に生業に基づく住民団体が形成されることもあった。例えば、センドレー町では、早くから靴職人などのギルド cĕh が結成されており、また町周辺の丘陵地ではワイン生産を営むブドウ園所有者の「丘陵共同体」が形成されていた。これらの団体は、単なる生産管理に止まることなく、村落や市場町と同様に生活秩序の維持にあたることもあった(6)。

領主の所領支配は、直轄領への編入時に「旧来の慣習」に配慮しながら確立されていった。所領運営全般はセペシュ王国財務局が派遣した代官 provisor, udvarbíró に委ねられ、彼が中心となって数村からなる庄 pertinentia 担当の役人 officialis, tiszttartó や、市場町担当の市場監督 judex foris, vásárbíró ら下僚とともに、領主に代わって所領運営をとり仕切った。このほか、私領時代には、代官の上に諸所領を統括する総監督 praefectus がおかれたこともあった。代官は、領主の発給した指示書 uradalmi utasítás に従って所領を管理し、年ごとの会計報告 számadás を通じて領主に経営状況を報告することとされていた。領主が所領に不在の状態で代官らが所領を管理する支配形態は、所領が直轄領から私領主の手に渡った後も引きつがれた。

領主支配の方針は、代官に宛てられた指示書に最も直接的にみることができる。指示書には「慣習」に配慮しつつ収益増大を図ろうとする領主の態度がよく現れている。センドレー領で確認できるのは、直轄領時代に作成されたほぼ同一の内容をもつ二通(一五六七年と七六年)と、ヴェッシェレーニ家時代に作成された一通(一六五二年)である(7)。これら指示書は、代官の任務として直営地経営拡大や勧農、年貢徴収、収穫・徴収物の保管と販売、領主諸特権(精肉・製粉・居酒屋営業等)の監督を挙げ、それぞれに関して収益増大のための詳細な指示を与えている。その際、領民保護や「慣習」への配慮が繰り返し述べられたのである。例えば、センドレー領が王国財務局の管轄下に入った一五六七年、着任した代官に宛てられた指示書には、次のような表現がみられた。「領主ベベクの下で受け入れられていた慣習に従い、〔領主直営地耕作に〕配下の者の鋤と労働を利用するべし。〔…〕ただし、不断の労働で貧しき配下の者が深刻に搾取され、領主への奉仕のために彼自身とその奉公人や妻が疲弊しないよう、〔…〕適当な数の牛馬と鋤を皇帝陛下のために配備しておくべし」（五項）。また、一六五二年の指示書でも、「〔代官は〕領主や農民身分の権利を侵害して収益を得るべきでない」（二項）、「農民身分は代官の〔個人的〕要求に応じる必要はない。代官の親しみをこめた要求は、貧しき者にとっては重荷となる命令でしかないのだから」（九項）とある。このように、領主は、収益確保のためとはいえ、「慣習」や「農民身分の権利」という言葉で領民の権利を表現し、その保護のため代官を始めとした役人たちの職権濫用に注意を払っていたのであった。(8)

領主の裁判意図

本章で検討する領主裁判の実施も、このような領民の「慣習」に配慮した収益増大という文脈のなかで語られた。一五六七年の指示書には、裁判に関して次のような記述がみられる。

「年貢その他の通常収入のほかに、裁判と犯罪から罰金収入がもたらされることがある。その場合、罰金収入は全て皇帝陛下に送金すること。ただし、〔罰金が〕旧き慣習により村長らの収入とされた場合は、彼らの取り分が留保されるべし」（二七項）。「死罪や財産没収を伴う事件では、これまで通りの旧き慣習が維持されるべし。非恭順、印章〔付文書〕や命令の無視、その他の民事事件等においても、〔これまでと〕同様に判決が下されるべし。なお、ある者が不品行で破滅的な生活を送ったために生じた犯罪、公然と不敬な言動をとること、窃盗や謀殺、魔術、姦通に対しては、刑罰の減免ないし罰金による代替は許されず、体刑が科されるべし。ただし、科刑前には、正式かつ法的な審判がなされるべし。反逆罪・不敬罪の場合、訴訟する前に王国財務局に通達すべし。判決は王国財務局で下される」(二八項)。「(代官)ウルシヌス・フェレンツは、次の範囲内で収入を受けとることができる。〔…〕死罪の罰金からは、一フローレン〔=フォリント〕を得る。主たる罰金は目録に記すべし。一フローレン以下の低額の罰金は、皇帝陛下に送金すべし。また、それにつき王国財務局に報告すべし」(三九項)。

また、一六五二年にヴェッシェレーニ家が所領を獲得した際に作成された指示書では、次のような表現がみられる。

「代官は、所領内で法によって解決すべき諸問題に配慮すべし。ただし、領地争いや殺人事件などの重大事件については、領主ないし所領総監督に報告し、その裁定を待つべし」(四六項)。「代官は、法にそぐわない罰金を領民に科してはならない。一フォリント以下の罰金は代官が取得し、それ以上の場合は領主に支払うべし」(四七項)。「重罪を犯した領民が、裏金や贈物を通じて、あるいは代官の不注意によって逃亡した場合、代官はその者が支払うはずであった罰金を支払うべし」(五〇項)。

約一世紀をへだて、直轄領と私領という相異なる条件のもとで作成された二つの指示書には、多くの相違点がみられる。領主の交代に伴い重大事件の初審が「王国財務局」から「領主ないし所領総監督」へと変わったことは当然として、重大犯罪とみなされる事件も直轄領時代には「反逆罪・不敬罪」のみであったのが、ヴェッシェレーニ時代には「領地争いや殺人事件」と、より一般的な事件にまで拡大している。また、軽微の事件についても、一五六七年指示書が村長の罰金とり分に配慮しているのに対し、一六五二年には代官とり分のみへの言及となっている。さらに、私領時代に至って一フォリント以上の罰金を領主自身が取得するとされた点も、大きな変化といえる。こうした変化のうちに、裁判管轄を拡大して増収を図り、同時に「私的な和解」を積極的に統制しようとする領主の意図をみることは可能であろう(9)。総じて、直轄領時代と比べ、ヴェッシェレーニ家統治期の指示書には紛争解決を領主裁判に一元化しようとする領主側の意向がより強く反映されているといえる。

それでも、二つの文書にみられる裁判実施の主眼はそれほど大きく異なっていたわけではなかった。すなわち、罰金収入への頻繁な言及にも関わらず、二つの文書にみられる領主の第一の目的はともに法に則った所領内秩序の維持にあったとみられるのである。この点は、単なる名目的な表現にすぎないとして軽視されるべきでない。後にもみるように、殺人の場合のような高額の罰金は、必ずしも領主の収入とされたわけでなく、平和回復のために被害者やその遺族に支払われることがあった(10)。罰金の用途を明らかにしないまま罰金額を積算し、その総額の大きさから領主の関心がもっぱら罰金収入にあったと主張することは妥当ではない(11)。一五六七年指示書にみられた罰金による体刑代替の禁止、あるいは一六五二年指示書にみられた法で定められた罰金への配慮は、いずれも、罰金収入よりも犯罪の正当な処罰を重視する領主の姿勢を示している。裁判に関する領主の指示からは、直轄領時代であれ私領時代であれ、領主の主眼が単なる罰金収入追及ではなく、刑罰の威嚇を用いた所領の秩序維持にあったことが読みとられるのである。

以上にみたのはあくまで領主の裁判実施意図であった。これに対し、実際の所領秩序の維持は領民との折衝を通じ、その協力を得ながら行われなければならなかった。次にこの点につき、領主裁判と町村裁判との役割分担、および領主裁判への領民の参加という二点に注目しながら示していきたい。

領主裁判と町村裁判

領民の秩序維持への関わりを端的に示すのは、村落・市場町が行った裁判活動である。中・近世ハンガリーでは、わずかに残された村法の記述などから市場町のみでなく村落でも裁判が行われていたことが確認されている[12]。センドレー領内の諸村には町村法の存在を確認することができなかったが、近隣のフォッロー村に残された一七世紀初頭のものとみられる村法[13]には裁判について次のような記述がみられる。

「われわれフォッロー住民の間では、ある者に法が判告された際、その者が一デナールすなわち一ペンズを支払う義務を負う。勝訴者であっても、その日のうちにこれを支払わなければ、村長はその者から一二デナールすなわち一二ペンズを徴収できる」(一条)。「われらに法を判告された者は、その後三日以内に領主から〔別の判決〕結果をもち帰ることができない場合、敗訴人となる。〔上訴を〕望む場合は一フォリント支払うこと」(二条)。「村の集会で互いに嘘をついた者がいた場合には、一フォリントずつの罰金が科される」(一一条)。

ここからは、村の集会で「法が判告」されていたこと、そして紛争当事者には村の裁判から領主裁判へと上訴する道が開かれていたこと、を確認できる。フォッロー村では、事件が起った場合に、まず村落内部での解決が試みられ、その後に領主裁判へ訴えるべきとされていたことがわかる。

このような村法が現在まで残されている村落・市場町はわずかであり、村落裁判記録も例外的に発見されるにすぎないため、裁判を実施した村落・市場町の広がりや領主裁判と町村裁判の関係を具体的に明らかにすることは容易ではない。こうした史料状況のなかで、村落・市場町裁判の活動や領主裁判との関わりをさぐる手がかりとなるのが、一六、一七世紀に各所領で大量に作成された土地台帳 urbárium と呼ばれる史料である。土地台帳は、貢納負担を確定するため領民からの聞きとりをもとに代官や役人が村ごとに家長名や耕地数、家畜数と貢納負担を記した文書である。これらは、主として領主の交替時などに作成され、統治をめぐる領主・領民間の契約文書という性格をもった。[14] こうした土地台帳には、罰金や裁判手数料等についても記載されることがあり、そこから裁判と秩序維持に関する領主・領民間の合意内容を垣間みることができるのである。センドレー領では、一六世紀後半から一七世紀前半に作成された七つの土地台帳に罰金と裁判手数料に関する記述が確認される。[15] これらを比較すると、時代が下るほど記述が簡素化されていく傾向にあることがわかる。そこで、以下では、一五七〇年に作成された二つの土地台帳の記述を中心に検討を進めていくことにする。

二つの土地台帳では、町村ごとに農民名と土地保有状況、納税額等が記された後、「罰金 mulcta」の項目がおかれ、「流血事件」「暴言・誣告」などの罪過に応じた罰金額や「上訴」経費、「逮捕・拘禁」に際して囚人が支払う経費など、指示書からは明らかとならなかった罰金の内訳が記載された。これらをもとに、特徴的と思われる五つの村について罰金・訴訟経費を示したのが表5-1であり、その罰金や経費の受取人として記された人物を示したのが表5-2である。

ここに挙げた情報から、領主裁判と村落・市場町の関係についてみていきたい。まず、領主裁判に関しては、罰金取得者としての役人への言及や「領主の恩寵 in gratia domini terrestris」といった記述から、指示書に記載されていた通り役人や代官の主宰する裁判が存在したことがわかる。「死刑・財産没収刑」の項目にみられる「領主の恩寵」という言葉が、領主(すなわち王国財務局)自身による裁判を指したか否かを確かめる術はないが、少なくとも、数村を管轄した役人から所領全体の代官へという上訴の道が存在したことは確かである。

注目されるのは、「殺人」の項目における罰金の主要な受取人が「被害者」や「遺児・自由人」とあり、[16] 領主や役人ではない点である。領主側は、せいぜい一フォリントの裁判費用を徴収したのみであったとみてよいであ

表5-1　センドレー領における罰金と訴訟経費

地区	流血事件	暴行	暴言・誣告	殺人	上訴	逮捕・拘禁	死刑・財産没収刑の減刑
イヴァーン村(センドレー庄)	1	1	20	40	0.4	0.4	領主の恩寵による
シャープ村(センドレー庄)	0.4	0.64	–	40	0.4	0.4	領主の恩寵による
ケレストゥール町(センドレー庄)	1	–	–	21	0.4	0.4	領主の恩寵による
ペルシェーツ村(ペルシェーツ庄)	1	–	–	41	1	0.08	領主の恩寵による
ラーコシュ村(ラーコシュ庄)	1	–	–	40	0.4	0.04	領主の恩寵による

表5-2　裁判経費・罰金取得者に見る裁定者

地区	流血事件	暴行	暴言・誣告	殺人	上訴	逮捕・拘禁
イヴァーン村(センドレー庄)	役人	役人および村長	–	–	0.4	–
シャープ村(センドレー庄)	役人	村長	村長	–	役人ないし代官	–
ケレストゥール町(センドレー庄)	役人：町長(2/3：1/3)	–	–	被害者：役人(20：1)	役人ないし代官	役人：町長(2/3：1/3)
ペルシェーツ村(ペルシェーツ庄)	–	–	–	役人(1)	代官	–
ラーコシュ村(ラーコシュ庄)	–	役人	–	遺児・自由人	代官	–

注1)　Maksay, *Urbáriumok,* 449-481，およびOL P72 Fasc. 68 Nr. 3から作成。
2)　金額単位はフォリント。

ろう。

また裁判が領主の定める統一的規則に基づき実施されていたわけではなく、村ごとに異なっていた点も注目に値する。表5-1からは、所領内でも、ペルシェーツ庄やラーコシュ庄など庄ごとに、あるいはセンドレー庄のように庄内の村ですら罰金額が異なっていたことが確認できるのである。こうした相違から、領主と村落・市場町が、各地の「慣習」に鑑み個別に罰金額等についてとり決めていたことがうかがわれる。

次に、村落・市場町の裁判に関しては、その広範な存在を想定することが可能である。これを示すのが、表5-2の「流血事件」や「暴行」の項目にみられる罰金取得者としての町村長への言及である。これら罰金は事件裁定を行った者が得たと考えるのが自然であるから、こうした記述は領主側の裁判と並んで町村長による裁判が広く行われていたことを示すと考えられるのである。さらに、村落・市場町の裁判の存在は、例えば、センドレー庄エチェグ村の土地台帳における「暴力事件は村長が参審人とともに裁く[17]」という文言に、より直接的な形で示されている。

それでは、領主裁判と町村裁判の関係はどのようなものであったのか。これについて、裁判管轄と審級という二つの側面からみておきたい。

まず、裁判管轄についてみると、犯罪ごとの罰金取得者の違いから、事件の種類や重大さに応じた管轄の区分が存在したことが確認できる。すなわち、多くの村落・市場町では、流血を伴わない暴行事件はもっぱら町村長のみにより裁かれることとされた。これに対し町村長が「暴言・誣告」や「殺人」、あるいは「死罪」が下されるような事件で罰金を受けとるケースは一件もみられず、その裁定はもっぱら役人ないし領主があたるとされた。例えば、「犯行に死罪判決が下った場合、〔被告は〕領主の恩寵の下におかれ、役人に一フォリントを支払う[18]」といった記述からうかがわれるように、これらの事件に関しては、おそらくまず代官や役人が判決を下し、その後被告が「領主の恩寵」を求めて上訴ないしは減刑の嘆願を行うこととされていた。

もっとも、こうした裁判管轄は必ずしも明確であったとはいえない。一部の村落や市場町では流血、その他の軽微の暴行事件に関して、役人ないし町村長のいずれかが罰金を得る場合(イヴァーン村)や、両者が分割して得る場合(ケレストゥール町)についての記述がみられるからである。前者のケースでは、領主側と村落・市場町側のいずれかに事件をもち込み、裁定を求めることができたと考えられる。すなわち、住民側からみれば、紛争の裁定に二つの選択肢が存在していたことになる。また後者の場合は、両者が共同で裁定を行っていた可能性が考えられる。この場合、領主側と村落・市場町側の裁判の区別自体が明確ではなかったことになる。

次に審級関係についてみると、多くの村落・市場町に上訴手続金への言及や上訴に必要な「印章」付文書の金額の指定がみられることから、領主裁判が町村による裁判の上訴法廷として機能していたことが確認できる。この上訴手続金にも地区ごとに金額のばらつきが確認され、この点からも領主裁判と各町村裁判の関係が個別にとり決められていたことがわかる。

上訴法廷としての領主裁判の設置は、単に領主側の意図であったのではなく、住民側が「嘆願」によって要求したことでもあった。一五七〇年の土地台帳作成時にセンドレー領住民から提示された「嘆願」には、年貢の引下げなどの要求項目と並んで、次のような記述を確認できる。「ここ〔センドレー〕は全てのセンドレー領住民からの裁判・上訴の場である。上訴者は旧来受け入れられてきた法に従い、皇帝陛下の代官に四〇ハンガリーデナールを支払う義務がある」。ここでは、新領主となった王国財務局の派遣した代官に、住民側から上訴裁判の継続を要請している姿を確認することができる。上訴法廷としての領主裁判は、町村裁判の判決に不服な場合に裁判手数料を支払ってでも利用する価値のあるものであった。

以上にみてきた領主裁判と町村裁判との関係を、前者による後者の一方的掌握ととらえることは一面的にすぎる。両者は、むしろ、諸領の秩序維持に一致してあたるために契約を結び、秩序維持の負担を分担していたとみるべきであろう。領主裁判と町村裁判の関係は個別的であり、その管轄は重なり合い、両者間の区別すら明確ではない場合もあった。また、領主裁判は町村裁判の上級裁判としても位置づけられはしたが、それは領民の要請でもあったのである。

このような裁判をめぐる領主と町村の関係が、一七世紀半ば以降の私領時代に変化したか否かをさぐることは困難である。一六二五年を最後に、土地台帳から罰金関連の記述がみられなくなるからである[19]。しかし、例えば、一七世紀末にチャーキ家の統治下で作成された詳細な『所領収支台帳』に、罰金・裁判収入についての記述がいっさい確認できないことから[20]、私領主時代に領主裁判が罰金徴収ないし領民支配の機関として変貌したとは考えにくいように思われる。

領主裁判における町村参加

村落・市場町の秩序維持への関与は、領主裁判の運営においてもみられる。そもそも領主側にとって、代官ら数人の役人のみで犯罪者の逮捕・拘禁から刑の執行に至る手続きを遂行し、あるいは民事事件の上訴を処理しきることは困難であった。先にみた土地台帳にも、犯人逮捕や拘禁に際して町村長が犯人から受けとるべき金額が記されており、重大な刑事事件の場合にも、村落・市場町が刑事犯の逮捕や拘禁に一定の役割を果していたことがうかがわれる。

こうした村落・市場町の関与は、さらに領主裁判の手続き自体のなかにも認められる。センドレー領の領主裁判記録は一六、一七世紀を通じて一件しか確認できないが、その記録には領主裁判の運営に領民が組織的に関与していた様子が現れている。(21) 以下では、この訴訟を通して領主裁判への領民の関与のあり方を具体的にみてみたい。

裁判は一六世紀末から一七世紀初頭にかけて、市場町センドレーの貴族家屋の相続をめぐって五年間にわたって争われた。訴訟は次のような経過をたどった。

①一五九七年六月二三日、家屋の相続をめぐって代官の家で裁判があった。訴えを起したのは、貴族ロラーントフィ・ラースローの寡婦エルジェーベト(現テーケ・ペーテル夫人)。被告は、原告の息子パールの寡婦で、夫の死後セントマリアイ・ジェルジと再婚したマリアであった。すなわち、原告と被告はかつて姑嫁関係にあった。裁判は貴族から六名(代官、ボルショド州判事、州参審人など)、センドレー町住民から七名(町長と参審人)の「法に通じた者」の参席のもとに行われた。

②裁判は、開始直後から法廷の正当性をめぐって紛糾した。そもそも原告のエルジェーベトは、被告マリアの現在の夫が城に勤務する兵士であったために、初め訴えをハンガリー北部軍総司令に提出した。しかし、「より確実を期した」司令官は、訴えをセペシュ王国財務局に移送し、さらに王国財務局は訴えをセンドレー領の「管

轄権を有する判事、すなわち領主」たる代官が裁定すべきであると断定した。これに対し、被告マリアは、貴族の妻たる自らの裁判籍は代官にはないと主張し、法廷の無効を訴えたのであった。審議の結果、「係争物たる家屋が領主の土地に建っている」ことを理由に、被告の主張は却下された。

③こうした過程を経て領主法廷に、原告の陳述と答弁が書面で提出された。原告の主張は次の通りであった。現在被告が占拠している家屋は原告が息子パールとともに建てたものであり、その相続権は、息子の死後再婚したマリアや現在の夫にはない。ゆえに、家屋は亡き息子パールとマリアとの間に生まれていた娘のアンナに明け渡すべきであると。

④被告マリアが黙秘を続けるなかで、判決がいい渡された。そこでは、原告の要求に従い被告が家を明け渡すこと、その執行は、代官立会いの下で行うべきことが述べられた。なお、この結果については、「この地の慣習と法に従い、代官の印章を付した判決文書が発行された」。

⑤ところが、その後、被告側が再審を要求したために右の判決は執行されず、翌一五九八年三月二五日、より詳細な調査のために住民一二人(町長、元参審人その他、少なくとも五人の農民身分を含む)からの聞きとり捜査が行われた。調査結果は、町の印章を付した証拠書類として代官に提出された。

⑥一六〇一年二月一六日、代官のもとで再審が行われた。原告はエルジェーベトから孫娘のアンナに移ったが、要求内容に変化はなかった。今回の判決では、原告である娘と被告である母が問題の家を分割して相続することが決定された。

⑦これに対して、被告はさらに王国財務局へ上訴したが、その上訴要求は却下された。

以上のように、事件はセンドレー町に居住した貴族ロラーントフィ家の家屋敷相続問題を扱う民事訴訟であったが、代官が主宰する領主裁判で扱われた。原告が貴族の妻であり、また被告の夫も城に勤務する貴族であったことから、事件は州法廷や軍法廷で争われる可能性もあった(22)。しかし、被告の要求にもかかわらず、係争物が領主地にあったことを理由に本事件は領主裁判の対象とされた。貴族に対する領主裁判は、一六四七年法により州法廷の対象と確定されるまで、管轄権の未確定な領域に属していたのである(23)。その後、一六一〇年にはロラーントフィ家内で家と所領が相続されたことが確認できるので(24)、⑥の判決は実際に執行されたとみられる。

このような貴族を対象とした領主裁判の経過において、センドレー町住民の関与が頻繁に確認される。まず、①にみられたように、裁判には貴族州から呼びよせた判事と並んで、ほぼ同数の町住民が「法に通じた」者として列席していた。当地の慣習に合わせた判決を下すためには、彼らの法の知識が必要とされたのである。また、住民参加は判決の正当性を確保するためにも有効であったようである。④で発行された判決文書には他の判事の署名と並んで町長と参審人の署名が確認され、また⑥の判決文にも各判事の署名と印章の中央に「町の印章」が付されていることが確認された。さらに、事件の背景調査においても、⑤にみられたように住民からの聞きとりにより町が作成した証拠資料が重要な役割を果していた。そこでは、町長を始めとして参審人やビール醸造人、その他の農民身分の者たちが「誓約に基づき証言」し、それをまとめた文書がやはりセンドレー町の印章を付して作成された。

以上のような貴族屋敷をめぐる民事訴訟の経過からみて、センドレー領では農民身分に関する裁判を含め、幅広い問題で町村長が領主裁判に参加していた可能性が高いと考えられる。領主裁判への町村住民の参加は、裁判手続きを円滑にしただけでなく判決の正当性を裏づけ、判決そのものにも影響を及ぼしえたであろう。刑事犯の逮捕・拘禁や民事事件の証拠調査、判決文書の共同署名などのさまざまな段階において、領主裁判は町村住民の参加を前提として成り立っていたことがうかがわれるのである。

二　所領の紛争解決

次に、領主裁判における紛争解決のメカニズムとそこでの住民参加の重要性について、私領の紛争事件に立ち入りながら具体的に明らかにしていきたい。こうした作業には、裁判記録や日誌など、個々の出来事の経過を具体的に叙述した記録が必要とされる。ここでは、北東部の所領としては例外的に裁判史料がまとまって発見された私領バログヴァール領をとりあげ、この課題を果していくことにする。

所領概観

バログヴァール領はゲメル州南部に位置した中規模所領で、今日のスロヴァキアのハンガリー国境近くに位置した。一七世紀初頭の記録によれば、この所領には、市場町リマセーチと二三の村々が存在し、約四百世帯の農民家族が居住していた。(25) バログヴァール領は、この地に定住したバログ族を出自にもち古くから周辺地域一帯を支配したセーチ家の所領であった。(26) 一七世紀半ばには、セーチ家の家督を継いだ女領主セーチ・アンナが後の副王ヴェッシェレーニ・フェレンツと結婚して所領を共同統治したため、同領は前節でみたセンドレー領などのヴェッシェレーニ家領と所領複合を形成した。その後、副王ヴェッシェレーニを中心として画策された反ハプスブルク謀議が明るみに出ると、一六七一年にバログヴァール領も他のセーチ家所領とともに没収され、直轄領に併合された。ここでは直轄領に併合される前の私領時代、とくに領主裁判関連史料が多い一七世紀前半を中心に検討する。

裁判記録の検討に入る前に、裁判の背景をなしていた所領をとり巻く状況やそのなかでの領主・領民関係等につき概観しておくことにする。まず、他の北東部所領と同様、同所領においても恒常的な戦乱と掠奪により引き起こされた荒廃が確認される。一五二六年にハプスブルク家とサポヤイ家からそれぞれ王が選出され王国が分裂した後、セーチ家がハプスブルク側についたため、一六世紀の内戦やボチカイ、ベトレン、ラーコーツィらが率いた反ハプスブルク闘争の際には所領の拠点だったバログヴァールの城もたびたび戦火にさらされた。また、所領の中心となったバログヴァールの城は一五六七年の法令においてセンドレー城と同じく国境守備城の一部と位置づけられ、オスマン朝に対する防衛の役割を担っていた。とくに一六世紀半ばに近郊の要衝フュレク城が陥落した後は、オスマン朝軍の掠奪が日常的に住民生活を脅かし、物理的、心理的に多大な影響を及ぼすようになっていた。[27]同所領で作成された土地台帳には、戦争と掠奪による人口減少および全体的貧困化の傾向がはっきりと現れている。それによると土地保有農民の数は戦乱が頻発した一七世紀前半に一六世紀後半の約半数にまで落ち込み、その後比較的戦乱の少なかった一六六〇年代から七〇年代にかけてやや増加したものの、一八世紀半ばに至るまでもとの状態を回復することはなかった。耕地面積をみても、一七世紀を通じて担税農民のいない荒地の数が、農民が耕作する土地の数を常に上回っていた。[28]また、土地台帳の記載から、城から遠い村々では生き残った農民も各村ごとにオスマン朝に「服属」し、領主への支払いと並んでオスマン朝への年貢支払いを強いられていた様子もうかがわれる。[29]

このように戦乱と荒廃にさらされた不安定な社会のなか、生活や社会秩序を維持するため住民の間では上下関係よりもむしろ対等な負担分配に基づく協力関係が重要であったと考えられる。確かに、土地台帳からは、いくつかの家族が他の家族より多くの保有地や役畜を有していた事実を確認することができる。しかし、そうした富裕家族が安定的に成長し、社会秩序の形成・維持に役割を果す地域エリートへと成長するには、周囲の環境は不安定にすぎた。土地台帳や領主役人の記録からは、いくつかの家族が経営を拡大するよりもむしろ多重の年貢負担から逃れるために役畜を売却し、保有地の分轄を試みた姿がうかがわれ、[30]また、ドイツやチェコなどでは有力家系に占有されがちだった村長職も、この地域では名誉や利益よりむしろ負担の多い職務として敬遠され、ジェレール zsellér と呼ばれる保有地なし農民から選ばれることもまれではなかった。村長職は一～二年任期の輪番とされ、その負担は村民間で分担されたのである。

領主の保護も農民の生存維持にとって決定的な位置を占めた。もちろん領主の所領への主要な関心は収入の増大にあったと考えられるが、領主の支配は領民への保護を伴わざるをえなかった。バログヴァール領では簡潔な指示書しか発見されていないため、セーチ家の領主がゲメル州ムラーニ領の領主役人に発した指示書から所領支配の特徴をみておけば、[31]まず年貢取立てや領主特権保持など、領主の収入に関わるものが半数以上を占めたことが確認される。しかし指示書には、契約内容以上の金銭的、物理的負担を課すことを禁じ、下僚の職権濫用を監視して農民への不法行為には法的処置をとり、また領主と信仰の異なる農民の生活に配慮するなど、農民の保護に関するかなりの数の規定もみられるのである。

さらに、社会秩序の維持には宗教も一定の役割を果していた。宗教改革後のハンガリーでは、プロテスタント諸派が国家教会として住民の生活規律を監督する役割を制度的に付与されることはなかったが、前章でみたように、地域社会では牧師らが領主や村落・市場町と協力しつつ、住民の生活モラルの改善に一定の役割を果していた。とくに北東部からトランシルヴァニアにかけての地域で支持を拡大した改革派の牧師たちは、荒廃の原因をハンガリー人の罪として説明し、救済のために必要な「良き秩序」の理念を提示しながら、領主と農民の双方を一つなぐ秩序維持への共通の価値観を提示し続けていた。[32]こうした牧師らの言説の当所領への影響は、例えば、一六六三年六月に農民身分出身の領主役人ホットマールが女領主セーチ・アンナに宛てた手紙における次のような表現のなかにみることができる。

「恩寵あふれる奥方様、次のような事態はあってはなりません。神の恩寵が宿るべきところで罪が目立つにもかかわらず世話役がそれを見すごし、表面的には罪人を脅しながら泣きつけば無罪放免とされる事態がです。なぜなら、誰も罰せぬまま彼が同じ過ちを繰り返し、しかるのちに神がそれをみたならば、些細な罪にふさわしく罰せられるのでなく、甘やかしのため罪がかさみ（そうした者をわれわれはこの目でみました！）、より厳しく罰せられるのですから。一方、〔…〕かくも甘い世話役からも神の恩寵は失われるでしょう。〔…〕そこから二つの悪しき事態が生じます。ひとつは役人間での恨みであり、いまひとつは目にみえて罪が氾濫し、（さらに深刻なのは）神の恩寵が遠ざかることです(33)」。

ここでは、領主と農民をつなぐ立場にあったホットマールが、「神の恩寵」に言及しながら領主に犯罪取締りの徹底化をうながしている姿をみることができる。オスマン朝による攻撃を「神の怒り」と位置づけ、「神の恩寵」をとり戻すため「良き秩序」を回復すべきだとする主張は、領主の指示書や書簡のみならず町村で作成された法などにも広く現れている。現世の秩序のあり方を宗教的観点から意義づけようとするこうした言説は、牧師らの説教を通じて流布し、裁判や処罰の正当性に根拠を与えていたと考えられるのである。

領主裁判の対象

以上を踏まえつつ、次に領主裁判が地域社会の紛争解決においていかなる活動を展開していたかについて裁判文書を分析しながら探っていくことにする。バログヴァール領の裁判関連文書は一六二八年から四七年にかけての部分が発見された。文書は訴えの内容や罪状認否、証人証言、判決など一連のやりとりを記した裁判記録と、裁判案件の概要のみを箇条書きで記した覚書からなり、それぞれに数年間の欠落がみられる。また、覚書に記された全ての案件が裁判記録中にみいだされるわけではなく、反対に裁判記録にしかみられない事件も多数存在する。このような文書の残存状況からみて、裁判文書の作成・保存段階で記録作成者による選別が働いたと考えられるが、記録と覚書を突き合わせることで、領主裁判の規制対象についての概要をつかむことは可能である。

次に挙げた表5-3は、裁判記録の個々の事件内容をまとめたものであり、そこから内容別に事件数を表にしたのが表5-4（一回に複数の事件が扱われた場合は複数回カウント）、また覚書中の案件の内容別事件数を表にしたのが表5-5である。以下、これらの表をもとに領主裁判が扱った諸事件についてみていきたい。

領主裁判で扱われた事件の大部分は、所領内で生じた領主・農民間の紛争と、農民同士の紛争の二つに分けることができる。これに対して、所領内の貴族の紛争は裁判記録にも覚書にも現れない。当所領では、貴族同士の紛争は州裁判で裁くべき、とする原則が確立されていたとみられる。

まず、領主・農民間の訴訟からみていきたい。領主・農民間の問題はとくに覚書の方に多く記載され、禁令違反や年貢未払い問題を内容として全体の二五％を占めている。その具体的内容は、無許可の居酒屋営業や領主製粉所の不使用、共有林における無許可の豚放牧、年貢未払い、賦役不履行等であった。こうした事件において、領主側の主宰する裁判が領主に有利な形で迅速に判決を下したであろうことは容易に想像できる。領主・領民間の紛争が裁判記録では全体の一〇％程度を占めるにすぎないという事実は、それらの問題が簡潔な手続きのみにより裁かれたか、あるいは領主役人の臨時法廷で裁かれたことを示していると考えられる。

一方、領民同士の訴訟は裁判記録・覚書の両方において全体の六〇％以上を占めており、領主裁判の中心的な対象であったことがわかる。とり上げられた事件の特徴としては、罰金額の大きい重大な刑事事件が多く、罰金額の小さい軽微な事件や民事事件に関する記録は少ない、という点を指摘することができる。「暴行」事件はその多くが流血を伴うケースであり、死亡に至った事件も裁判記録中で約一〇％と、決してまれではなかった。こ

表5-3　領主裁判記録にみられる訴訟一覧(1631〜47年)

	原　告	被　告	訴　状	証人供述	判　決
1	M. メーサーロシュ	A. ゲレー夫人	魔術	7人	被告他20人が無実を誓言，さもなくば火刑
2	I. フェレンツ	G. ションコイ	①暴言②発砲③領主からの窃盗	8人	被告他3人が無実を誓言，さもなくば「領主の恩寵」に
3	領主	タマーシュ村/保証人	①婚外交渉の黙認②法廷無視	—	①被告が無実を誓言，さもなくば罰金②罰金(ホマギウム)
4	P. チャプ夫人	J. バヤ	暴行	4人	罰金(流血)と，被害者への賠償
5	遺族	J. ヤン/M. ヤン	傷害致死	20人	被告他20人が故殺を誓言すれば，被告は「領主の恩寵」
6	—	B. ビビの息子	婚外交渉	3人	2人の子であることを証明して結婚，さもなくば追放
7	P. チョト	M. ガゾ	武器を使った暴行	9人	罰金(ホマギウム)と，被害者への賠償
8	領主	K. チェリ/B. アブラハム	婚外交渉	—	領外追放
9	—	A. ケルテース/A. マティアス	婚外交渉	9人	—
10	—	S. コヴァーチ	魔術	9人	被告他7人が無実を誓言，さもなくば火刑
11	—	バログ村の判事の息子	暴行(兄弟喧嘩)	—	罰金(ホマギウム＋流血)
12	領主役人(curator)	M. ナジ/P. ヴァルガ	①家宅侵入②婚外交渉	—	①罰金(ホマギウム)②被告他3人が無実を誓言，さもなくば「領主の恩寵」
13	領主役人(curator)	J. バロ/J. チョト	①暴言②婚外交渉	—	①罰金②被告が無実を誓言
14	—	J. バロ/A. ベンツ/	牛泥棒	—	被告他3人が無実を誓言，さもなくば「領主の恩寵」
15	領主	M. ヴェチェイ	殺人	7人	被害者の弟が犯人の有罪を誓言すれば，「領主の恩寵」
16	領主	A. マーチャーシュ	殺人	20人	被害者の妻他3人が犯人の有罪を誓言
17	被害者の親族	M. ガゾ	殺人	—	被害者の母他7人が犯人の有罪を誓言，さもなくば無罪
18	領主	M. マルコ/D. ミハーイ	①殺人②領主のワインに被害	10人	被告ほか3人が役人の指示だと誓言し遺族と領主に共同賠償，さもなくば2人で賠償
19	領主	Gy. セーチ/T. ファゼカシュ	暴行(村長に)	—	—
20	領主	P. フィレップ夫人	婚外交渉	—	—
21	新参農民	デレシュケ農民	共有地利用権濫用	—	古参農民の共有地貸し出し禁止と，領主領貸与
22	領主	Gy. ネヘーズ/J. ベケ夫人	①婚外交渉②暴力	—	①被告他1人ずつの証人が無実を誓言②罰金(暴力)
23	—	I. アガゾニシュ/女	婚外交渉(妊娠)	—	両者の子と誓言して罰金を払い結婚，さもなくば両者死罪
24	—	I. コヴァーチ他4名	窃盗(蜜蜂)	—	死罪にあたるが「領主の恩寵」に
25	領主	G. ケレク	窃盗(塩と牛)	—	死罪にあたるが「領主の恩寵」に
26	領主	G. バラージュ他1名/ペルイェシ村	領主小麦の窃盗を黙認	—	G. バラージュ他1名は3人と，村人は各自で無実を誓言，さもなくば「領主の恩寵」
27	領主	P. ヴェーグ	オスマン朝側との内通	—	被告と世話役が無実を誓言
28	領主	P. バラージュ他2名	領主の小麦の窃盗	—	絞首刑/被告他3人が無実を誓言
29	領主	P. ゲロ/P. バログ	殺人(正当防衛)	1人	罰金(ホマギウム＋暴力)と，被害者への保障
30	—	Gy. サルカ/A. サルカ	①婚外交渉②暴言	—	—
31	領主	I. シポシュ	暴力(村長に)	—	罰金(流血＋暴力)と，被害者への保障
32	領主	J. フォドル	暴言(説教師に)	—	被告他3人が無実を誓言，さもなくば罰金(暴言)
33	領主	G. ヤス	暴力(喧嘩)	1人	罰金(ホマギウム金)と被害者への保障/両者ともに罰金(流血)
34	領主	J. ボルドヴァイ	①流血②暴行(喧嘩)③暴言		①②罰金/被害者側も罰金(軽犯罪)③被告が無実を誓言，さもなくば罰金(暴言)
35	領主	P. コヴァーチ父子	①領主の干草横領②領主の牛販売	—	①罰金と，被害者への賠償②被告他3名が善意を誓言，さもなくば「領主の恩寵」

(表 5-3 続き)

	原　告	被　告	訴　状	証人供述	判　決
36	―	G. ツィプカ	―	―	罰金
37	P. コシュチャル	B. コシュチャル	相続問題	4 人	原告敗訴
38	領主	A. モルナール他 4 名	暴行(喧嘩)	―	被告は無罪/被害者は罰金(ホマギウム＋流血)
39	領主	G. ションコイ	家宅侵入(窃盗未遂)	―	被告他 7 人が無実を誓言，さもなくば罰金(ホマギウム)
40	Gy. ボンタ	F. ナジ(城世話役，貴族身分)	勘定後払い問題	―	支払い義務確認
41	領主	Gy. チョト/P. チョト	①暴力②婚外交渉	6 人	①罰金(暴力＋流血＋暴言)②―
42	領主	A. ペルイェシ他 3 名	暴力	―	罰金と，被害者への保障
43	領主	I. ボシュニャーク	領主の命令と自らの誓言違反	―	禁固刑
44	領主	I. コヴァーチ/M. ナジ	暴力(喧嘩)	―	罰金(流血)
45	領主	P. バログ	逃亡幇助	―	罰金(ホマギウム)
46	領主	M. フィツァク	殺人教唆	6 人	被告は無実/村は実行犯 2 人を捕らえることを誓言，さもなくば罰金
47	領主	J. フォドル	暴行(家宅侵入者に)	―	流血罪/被害者は家宅侵入の正当性を誓言，さもなくば罰金
48	領主	J. ビカ	暴行(村長に)	―	罰金(暴力＋流血)と，被害者への賠償
49	領主	P. バロシュ	婚外交渉	4 人	死罪
50	領主	J. フォドル	暴行	―	罰金(暴力＋流血)と，被害者への賠償
51	領主	B. フェケテ他 3 人/セントシモニ村	不貞者の逃亡幇助	―	罰金(ホマギウム)/村人は他の 3 人と無実を誓言，さもなくば罰金(ホマギウム)
52	領主	G. マック	暴行傷害	7 人	罰金(暴力＋流血)と，被害者への賠償
53	領主	J. マック夫人とその母親	婚外交渉(牧師の息子と)	―	被告他 7 人が無実を誓言，さもなくば死罪/牧師の子はバログ城世話人の観察下に
54	M. ツェグレーディ(牧師)	T. M. ナジ他 8 人	暴行	―	事実無視
55	領主	P. バログ	殺人(妻を)	―	死刑
56	領主	G. チョルバ他 2 名	牛馬泥棒と仲買	―	死罪に値するが「領主の恩赦」/仲買人と 3 人の証人は故意でないと誓言
57	領主	I. キシュ	傷害致死	10 人	―
58	領主	J. コタン	暴行	4 人	罰金(贖罪)(正当防衛であると主張し流血＋暴行罪は免れる)
59	―	G. ミハーイ	婚外交渉	―	被告他 7 人が無実を誓言，さもなくば罰金(贖罪)
60	領主	M. セゲディの息子	暴行傷害	―	親が賠償して和解し，罰金(法廷侮辱)
61	領主	S. ダンツ/Gy. コシュ	婚外交渉	―	男他 20 人が無実を誓言，さもなくば結婚か死罪/女他 7 人が事実を誓言，さもなくば追放
62	M. サボー/A. ヴィンツェ	L. セーケ	牧地取引問題	―	被告の支払い義務確認
63	領主/ヤコシュティ殿	デレンチェーニ村	説教師の家族追い出し	―	実行犯は賠償/村人と各 3 人が無実を誓言，さもなくば罰金(暴力)
64	―	―	相続問題	―	被告の支払い義務確認
65	―	―	相続問題	―	被告の支払い義務確認
66	(領主)	P. コヴァーチ(村長)	領主のワインへの監督不行届き	―	―
67	―	B. シゲット(村長)	畑を荒らす豚を放逐	―	―
68	―	I. シモン	婚外交渉(未亡人の妊娠)	3 人	男他 3 人が無実を誓言，さもなくば死罪/女は追放，さもなくば死罪
69	―	B. ドボシュ	馬泥棒	―	拷問し，死刑
70	―	M. ナジ	①文書偽造②詐欺	7 人	拷問し，死刑
71	領主	Gy. バコシュ	①誓言違反②暴言③略奪	4 人	死刑
72	訴追人	A. ファルカシュ	重婚	5 人	先夫が無実を誓言/女は教会裁判にかけられた後，死刑

(1-4, 1631; 5-6, 1632; 7-14, 1634; 15-24, 1635; 25-35, 1636; 36-59, 1637; 60-68, 1638; 69-72, 1647)

表 5-4　裁判記録における事件別訴訟件数

	1631	1632	1634	1635	1636	1637	1638	1647	計
殺　人		1		4	1	3			9
暴　行	2		3	2	4	11	2		24
暴　言	1		1		3			1	6
姦　通	1	1	4	3	1	4	2	1	17
魔　術	1		1						2
窃盗・詐欺			1	1	1	1		3	7
遺産相続・金銭トラブル				1		2	3		6
禁令違反				1			1		2
年貢未払い									0
領主への背信	1				5	1	1		8
法廷侮辱・逃亡幇助	1					2		1	4
不明・その他						1		1	2
計	7	2	10	12	15	25	9	7	87

表 5-5　裁判覚書における事件別訴訟件数

	1628	1629	1630	1631	1632	1634	1635	1637	計
殺　人				1		3	1	2	7
暴　行			7	4	2	2		2	17
暴　言	3		3	5	2			3	16
姦　通					1	2	1	1	5
魔　術							1		1
窃盗・詐欺	7	3	4		2	1	1	2	20
遺産問題・金銭トラブル	1				2			1	4
禁令違反	5	6	4	1	1		1		18
年貢未払い	2	2	1	2					7
不明・その他	1		3	2					6
計	19	11	22	15	10	8	5	11	101

れら物理的な暴力は裁判記録では四〇%近くに上っており、覚書でも二四%を占めている。次に、とくに覚書中に多くみえているのが「暴言」である。「売女」「詐欺師」「泥棒」といった言葉は、相手の名誉を著しく傷つけるだけでなく、相手を無実の罪にさらす可能性のある行為として、重い罰金が科された。また、「暴言」と同様に「魔術」も、人に物理的被害を与えるものとして領主裁判の規制対象とされた。例えば一六三一年、ゲレー・アンドラーシュ夫人は、牛を用いた秘儀的行為によって彼女と敵対していた隣人を威嚇したとして訴えられた[34]。また一六三四年には、やはりある夫人が敵対していた隣人を言葉で威嚇して、そ

れがもとで相手が病死したとして訴えられている。[35] こうした重大な暴力事件や魔術のほかに、「窃盗」事件もかなりの比率を占めたが、やはりそのほとんどはナイフや銃を用いた強盗や牛馬等の家畜泥棒など、重大な処罰を伴った事件が多い。

このように裁判記録と覚書のいずれにおいても重大な事件が多く、軽微な事件や民事事件が少ないことが特徴的である。その理由としては、前節センドレー領の事例でもみたように、裁判当事者にとり、より身近な選択肢として町村裁判が存在したことを考えることができるだろう。バログヴァール領では町村裁判の記録は残されていないが、その活動の痕跡は、領主裁判に上訴された事例のなかにたどることができる。例えば、一六三二年には、ブドウ畑の相続をめぐる民事事件が領主裁判に「移送」されたが、それは「上バログのネシュテル・ジェルジとネシュテル・ガールが長年にわたって裁判を続けていた」が決着をみなかったためとされている。また同年、シュトリ村の住民も相続問題をめぐって「領主裁判への上訴を行った」との記録がみられる。[36] これらの事件は村裁判を初審としたものであり、そこで決着をみない場合に領主裁判が利用されたと考えることができる。

ただし、領主裁判と町村裁判の管轄の区分は明確ではなく、紛争当事者ないし町村裁判の判断に左右されがちであった。紛争当事者が望めば、殺人事件ですら町村裁判で裁かれることがあったのである。例えば、ケヴィ村の軍大ドノ・イシュトヴァーン殺害事件では、遺族は隣人であるヤン・ヤコブとヤン・ミハーイを領主裁判に訴えた。裁判記録によれば、「〔ケヴィ村には〕村長と村長の法廷が存在する」が、この事件は「人々がそれに満足しない場合には領主が両方の紛争当事者の主である」ため、領主裁判で裁かれたという。したがって、この事件は、まず村裁判での裁定があったのち、判決を不服とする原告が領主裁判に上訴したものとみられる。また、「事件が起ってから長い年月が経ってしまった」ため、事実関係の証明が難しい、とも記されており、領主側は上訴まで長らくこの事件の情報をもっていなかったことがうかがわれる。[37] このほかに、町村裁判の判断により、事件が領主裁判へと送られる場合もあった。例えば、一六三七年、セントシモン村は三人の若者と二人の女を領主裁判が行われるバログヴァールの城へと連行しようとしたが、それは、それに先立ち若者たちが「村裁判の面前でおおっぴらに」ある夫人との不貞行為について述べてはばからなかったためだったという。[38] この場合には、領主裁判での審判を決定したのは領主側ではなく、紛争当事者をとり巻く町村の意向であった。

裁判対象の分轄関係については、さらに教会裁判との関係にも言及すべきであろう。「魔術」事件や「姦通」事件が領主裁判文書のなかに散見するという事実は、領主裁判が教会裁判の管轄領域を侵食していたことを示すようにみえる。とくに、婚前交渉や不貞などの「姦通」事件は裁判記録中で約二〇%(覚書では五%)を占めており、領主裁判の恒常的規制対象の一つとなっていた。こうしたケースにおいて、領主は「キリスト教徒の支配者」として、「神の命令と王国の法」に言及しながら判決を下していた。ただし、この事実は、教会裁判が機能していなかったことを意味するわけではなく、領主裁判と教会裁判の間には曖昧ながらも一定の役割分担が成立していたようである。例えば、領主裁判で扱われた「魔術」事件は被害者に物理的障害を与えた場合に限られており、「魔術」自体が裁かれたケースは領主裁判の文書中にはみいだされない。また、離婚事件のような最も日常的な教会裁判管轄事件の記録も、領主裁判文書には皆無である。それらは、当地を管轄していたボルショド・ゲメル・キシュホント改革派主席牧師区、ないしカトリックのエゲル聖堂参事会の裁判で裁かれたと考えることができる。[39]

領主裁判と教会裁判との間の管轄関係の曖昧さにも、紛争当事者の意向が一定の影響を与えていた。例えば、一六四七年、ストリ村の女が夫により重婚の罪で領主裁判に訴えられたが、その理由は「彼女の夫が彼女を教会裁判に訴え出たにもかかわらず、彼女がそこに出頭しなかったため」であったとされている。[40] このように、領主裁判は教会裁判が機能しない場合の代替として、紛争当事者により選択されることがあったのである。

以上のように訴訟の内訳をみてくると、領主裁判が教会裁判や町村裁判の活動を前提として、それと役割を分担しながら地域社会の秩序維持に一定の役割を果していた様子をうかがうことができる。領主裁判の対象は、領主の収入をめぐる諸事件と諸領内の農民間で生じた比較的重大な刑事事件であり、その他の諸事件の解決は町村裁判や教会裁判に委ねられていたと考えられる。また、各裁判の管轄区分は必ずしも明確ではなく、紛争当事者の意向に左右されることも多かったようである。このような領主裁判の活動をみる限り、エックハルトらが指摘したような領主の排他的裁判権確立への意図を指摘することは難しい。また、ヴィンケルバウアーがオーストリアやチェコを事例に示した、飲酒や娯楽の規制、私的和解の禁止など、領民生活全般にわたる領主の介入、内面的紀律化の推進という現象を、ここバログヴァール領にみることもできないであろう。むしろ領主裁判は、身近な町村長等の裁判の場で処理できない問題が生じたとき、住民により高次の権威に基づく裁定の場を提供すべく設置されていたと考えられる。

領主裁判の構造

こうして領主裁判は領主の権威を後ろ楯とした紛争解決の場を提供していたわけだが、負担を伴う裁判実施は領主のみにより担われていたわけではなかった。法廷における紛争解決のあり方を子細に検討すると、多くの点で紛争当事者自身やそれをとり巻く人々が紛争解決過程の重要な構成要素であったことが明らかとなるのである。以下では、領主裁判における住民参加について、裁判役人の構成、起訴と立証、判決という点から明らかにしていきたい。

まず裁判官の構成について。すでにエックハルトは、領主裁判にさまざまな身分の人々が裁判官として参加していたことを指摘していた(41)。バログヴァール領でも、領主や領主役人のほか貴族州高官から農民身分にいたる多様な人々の参加がみられる。例えば、一六三二年七月の裁判記録をみると、所領が属したゲメル州から州長官と八名の州判事が参加しており、また近隣の市場町リマソンバトからも三名の町長・参審人が参加していたことが確認できる。[42] とくに貴族州高官の参加は重視されていたようであり、一六三七年にはゲメル州長官が参加できなかったため、近隣のノーグラード州の副官が裁判への出席を求められている。[43] 裁判官による事実判断と判決作成過程についての情報が存在しないため、これら領主役人以外の人々が判決に果した役割を評価することは困難である。したがって、エックハルトが主張したように、貴族州役人は支配者階級の利害の代弁者であり、また農民判事は「富裕層出のイエスマン」でしかなかったのか、[44] それとも所領内外の多様な人々の参加が領主の恣意的行動を監視する機能を果したのか、という点は明確にはできない。

住民参加の様子は、むしろ起訴や捜査、証拠調べといった裁判手続きのなかにはっきりとたどることができる。まず、起訴に関してみると、領主が起訴を行い原告となった事例が多いため、一見すると領主の職権による起訴の原則が存在していたようにみえる。[45] とりわけ事件が領主収入に直接関わる場合や、よそ者が事件を引き起した場合には、例外なく領主が原告として現れた。例えば、一六三五年七月、領主のワイン樽を監督する立場にあった使用人マルコ・マーチャーシュが、誤ってワインを流出させ、その酒樽を運んでいた助手を怒りのあまりワイン蔵の中で殺害するという事件がとりあげられた。この事件で助手の遺族が訴えを起した形跡はなく、原告として損害賠償を求めたのは領主だった。[46] また、よそ者が事件を起した例としては、村長の家から馬を盗んだドボシュ・バーリントの一件を挙げることができる。彼はプトノク町から来て犯行に及び、村長ではなく領主によって訴えられた。同年、「トランシルヴァニア侯の郵便配達人」で「貴族」を称した別の馬泥棒がみつかったときも、やはり領主が原告となった。[47]

しかしながら、刑事事件においても職権による起訴の原則は貫徹しておらず、とくに所領内の住民同士の紛争においては被害者が訴えを起して原告となったケースがしばしばみられる。例えば、前項で触れたドノ・イシュトヴァーン殺害事件の場合、「王国の法に基づき審判が下されるよう」領主裁判に訴え出たのは、被害者家族だった。また、メレグヘジ村のパーリズ家の殺人事件でも、息子が故意に殺害されたとして隣村のペルイェシ村の男を訴え、裁判で原告として現れたのは遺族であった(48)。

次に、捜査と証拠調べについてみよう。領主裁判の審判では、被告の罪状認否が重要な位置を占めた。この段階で被告が罪状を認めれば、即座に判決が下されたのである。しかし、多くの場合は被告が罪を認めなかったため、証人証言による証拠収集が行われた。この証拠収集の過程において、紛争当事者や当事者が属する町村団体が果した役割が大きかったと考えられるのである。バログヴァール領の裁判記録には、証拠収集の方法を示す史料が二点みいだされる。第一は、リマソンバト町の町長と参審人がストリ村で起った「魔術」事件に関連して作成し、領主裁判所に提出した証拠書類である(49)。この事件は、当初リマソンバト町裁判で扱われたが、町裁判が被告の有罪を確定できなかったため、被害者により領主裁判へと上訴されたものだった。提出された文書では、町裁判の経緯が町長の証言の形で述べられた後、新たな情報として被告が小麦一束で証人を買収し、嘘の供述をさせたことが明らかとなったことが記されている。

もう一通の文書は、リマソンバトのような市場町でなく、より小規模な村落が領主裁判のための証拠収集を行っていたことを示している。この文書は、領主の要請を受け、デレシュケ村が全村民の名で領主裁判に提出したものとされる。そこでは、デレシュケ村で村外から来た者たちが引き起した喧嘩沙汰について、次のように述べられている。

「われら貧しきデレシュケ住民は、以下の通り領主殿に陳情いたします。領主殿は、ボルト・イムレの結婚式で起った喧嘩沙汰についてわれらが領主殿に〔…〕報告するよう強く命じられました。〔…〕ボルロ・マティアスはその場に居合せたので、喧嘩の始まりについて最もよく供述できました。わがデレシュケ村の村長と参審人は、命じられた通り忠実に報告いたします。〔…〕右のように、われら貧しきデレシュケ村の民は、この争いになんの関わりもありません。それゆえ領主殿は、この喧嘩の原因を熟慮されますように。なお、事件の目撃者ボルロ・マティアスは重い病のため参上できませんでした。領主殿に神の祝福あれ、一六三五年五月二五日、領主殿の保護を期待する忠実なる臣下、貧しいデレシュケ村の民[50]」。

ここでは、領主の命令を受けた村民が事件の証拠収集を行い、また村が今回の騒動に無関係であったことを主張している姿をみることができる。他の事例では証人が選ばれ、証言が集められた経緯を具体的に明らかにすることはできないが、この二つの文書は町や村が事件の証拠収集に一定の役割を果していたことをはっきりと示している。こうした村や町による証拠収集は、領主にとっては自らの費用と人員を割くことなく裁判を運営することを可能とするものであったが、同時に、領主裁判の決定が町村側の事情や町村による情報操作にさらされることにもつながったであろう。

さらに、町村住民の見解は判決そのものにも反映された。というのも、刑事訴訟において証人証言から十分な証拠が得られなかった場合には、最終的な判断が被告とその「保証人 kezes, fideiussor」による誓約に委ねられており、紛争当事者が誓約を行う保証人を集められるか否かは、住民の意向次第であったと考えられるからである。一例として、一六三四年八月、ソフィーと名乗る女の「魔術」に関する判決を挙げよう。

「〔魔術に関して〕確固とした証拠がみいだされなかったので、われわれは次のような解決をみいだした。〔被告は〕一五日以内に七人の敬虔なひとかどの既婚者とともに、彼女自身も友人も悪魔の行いや人を害する行為を行っていないことについて、自らの無実を表明するように。もし無実が表明できれば問題はないが、そうでなければ彼女は村から追放され、今後このような悪魔的行いがみいだされた場合は火刑に処せられる」。(51)

そのほか証人証言で罪状が明確になった場合であっても、重大な事件では紛争当事者や住民の誓約に最終的判決が委ねられることがあった。とりわけ、殺人事件で被害者側が被告の死罪を要求した場合には、被害者自身がしばしば数人の「保証人」とともに、被告の「頭を指し示し」、その有罪を「保証人」らの誓約とともに確認するという手続きが必要とされていた。例えば、一六三五年七月の法廷では、二〇名の証人の証言から被告のケンテシュ・タマーシュ殺害が「十分明白になった」にもかかわらず、被害者の未亡人は被告「アルベルトの首に賭けて」「一五日以内に三人の保証人とともに」被告による殺害事実とその不当性について、被告の頭を指し示しながら誓約するよう求められた。(52)また同年に、やはり殺人事件について七人の証人が「明確に証言したため、死亡したナジ・シモンがヴェチェニ・マーテーにより銃殺されたことが十分に確認され」、さらには「証人たちがヴェチェニ・マーテーの首に賭けてそれぞれ誓約を口にした」にもかかわらず、「ナジ・シモンの弟ナジ・ベネデクは、一五日以内に単独で実際に〔被告の攻撃によって〕兄ナジ・シモンが死んだことを、ヴェチェニ・マーテーの首に賭けて証言」するよう決定を下した。(53)判決文によれば、この誓約をしなければ、前者の場合は無罪放免、後者の場合は「領主の恩寵」に委ねられるとされた。

このように町村住民は「保証人」として判決確定に影響を及ぼすことができた。これに対して、刑の執行段階では領主の役割が決定的であった。通常、領主裁判で有罪が確定した者には罪に応じた肉刑・罰金刑がいい渡され、殺人や家畜泥棒、不貞行為に対しては、絞首刑ないし所領追放がいい渡された。もっとも、再犯や不貞等一部の犯罪を除き、重大な刑が宣告された者には「領主の恩寵」に訴え、領主による減刑を受ける道も残されていた。例えば、牛泥棒に関するある判決では「神の法と王国の法の命じるところ、公共の場における窃盗は絞首台がふさわしく、被疑者ケレク・ゲルゲイはかかる行為のうちにみいだされた」が、その者の生命を残すか否かは「領主の恩寵」に委ねられる、と述べられていた。(54) 領主は町村裁判では実施できない厳しい懲罰的判決を下す権利を有し、秩序破壊への抑止力を効かせていたということができる。ただし、秩序維持においては懲罰と並んで被害者への補償や名誉回復といった秩序回復措置も不可欠であり、(55) この面で紛争当事者をとり巻く住民が一定の役割を果していた可能性はある。これに関し、判決文はまったくといってよいほど触れておらず、確固とした証拠を提示することはできないが、次のような表現は注目に値する。すなわち、判決文では罰金や処罰に関する記述の後に、しばしば被告が被害者に「誓言で約束できるだけ」の賠償をなすべしとの表現がみえており、裁判の場で具体的な賠償額の決定がなされていなかった様子がうかがわれるのである。(56) ここから、領主裁判の閉廷後、紛争当事者をとり巻く住民が彼らの財政状況に鑑み適正な賠償額を判断し、その実施を促していたことを想定することは可能であろう。

三　ま　と　め

以上本章では、ハンガリー北東部における領主裁判と町村裁判に焦点を絞り、地域の治安維持のあり方を検討してきた。土地台帳や裁判記録からは、領主裁判と町村裁判が相互補完的関係にあり、領主と村落・市場町住民が所領の秩序維持の負担を分担していた姿を垣間みることができた。一六、一七世紀の戦乱を背景とした社会秩序の動揺のなかで、領主と村落・市場町住民の間には日常生活を維持するためにある種の共生関係が存在していたということができるであろう。このような共生関係が双方にもたらした利点や欠点は、次のように整理することができる。

まず、町村住民側からみれば、中央の裁判機構が麻痺し、貴族州が貴族の所領をめぐる訴訟の増加に追われるなかで、領主裁判は町村住民が町村内部で処理することの難しい重大事件や複雑な事件を領主の権威を後ろ楯に解決することを可能とする貴重な場であった。もちろん、領主裁判において地代訴訟等で領主に有利な裁定が下されたであろうことは容易に想像がつく。それにもかかわらず、土地台帳の記載にみられたように、領主裁判という場は裁判手数料を支払ってでも確保する価値があるものと考えられており、また裁判記録にみられたように、裁判の諸手続きにおいては多くの場面で町村の意向を反映させることも不可能ではなかった。一方、領主側からみると、領主役人が指摘したように、「神の恩寵」にあずかり平穏な生活を維持するには、領主が率先して犯罪や紛争を正しく裁くことが必要であるとの認識が存在した。しかし、裁判実施のために役人を動員し、州判事らを所領に迎えることは領主にとり少なからず負担であったと考えられる。裁判によりもたらされる罰金収入も、その全てが領主収入となったわけではなかった。このような状況において、町村裁判は領主にとって法廷維持の負担を軽減するために利用できる、有効な制度と映ったであろう。確かに、事件報告や証拠収集を町村裁判に委ねることにより、町村側の情報操作を許す余地が生じていたが、領主は危険が伴う被疑者の逮捕や領主裁判への送致を町村に委ね、被疑者が逃亡した場合には町村に連帯責任を課すこともできたのであった。

三章でみたように、エックハルトらは領主裁判を領主による領民支配のために有効な道具として説明し、またヴィンケルバウアーは領主裁判の主宰意図を領民の私的紛争解決排除とそれを通じた領主による紀律化にみていた。しかし、以上にみたような領主裁判のあり方は、こうした説明ではとらえきれない秩序維持のための領主と領民の相互依存、共生関係があったことを示していると考えられるのである。

(１) センドレー領の概観には次を参照。Samu Borovszky, *Borsod vármegye története a legrégibb időktől a jelenkorig*. vol.1. *A vármegye általános története a őskortól a szatmári békéig* (Budapest, 1909); Mihály Horváth, Dezső Koritsánszky, János Lukács, Géza Rozsnyai (eds.), *Szendrő. Képek a volt város és várának történetéből* (Szendrő, 1959); László Veres, Gyula Viga (eds.), *Szendrő monográfiája* (Szendrő, 2002)

(２) Ferenc Maksay (ed.), *Urbáriumok. XVI–XVII. század* (Budapest, 1959), 449–481.

(３) Veres, Viga (eds.), *Szendrő monográfiája*, 192–198.

(４) 町村の代表者の名称としては、一三世紀頃から、villicus や falunagy の語に代わって、判事を意味する judex, bíró の語の使用が多くなる。István Szabó, ‘A parasztfalu önkormányzatának válsága az újkorban’, in id., *Tanulmányok a magyar parasztság történetéből* (Budapest, 1948), 271.

(５) 土地台帳には、土地なし農民が町村長として記載されたケースも数多くみられる。なお、町村長職の幅広い身分からの選出については、州条令に次のような規定がみられる。「ボルショド州の村で貴族らが領地を分有する場合、村長職は〔各住民が帰属する〕領主の順番ではなく、村民間の順番や状況に応じて、交代で引き継がれるべし。というのも、トルコ支配下では貴族といえども村長職を免れないのだから。かくして領主間の不平等は遠ざけられ、村々に平和が保たれるべし。一方、極貧の者や土地なし農民、自力で職務を果せない者に順番が回ったときには、村落の一致した意向で信頼にたる人物にその者を補佐させるべし。〔…〕狡猾な者が、あの手この手で村長職から逃れることはかなわぬように。〔…〕州判事は、管轄地区でこれに抵抗する者をみつけた場合、すべからく一二フォリントの罰金を科すべし」(一六五六年)。Péter Tóth, János Barsi (eds.), *Borsod vármegye statutumai, 1578–1785* (Miskolc, 1989), 26–27.

(６) 「丘陵共同体 hegyközség」の hegy は、農民保有地に属さない、丘陵のブドウ園や果樹園を指す。ギルドや「丘陵共同体」は生産・販売に関する秩序維持のための独自の「規則」や「法」を作成した。とりわけ「丘陵共同体」は、彼ら自身の「判事」を選出して裁判活動をも行っていた。Horváth, Koritsánszky, Lukács, Rozsnyai (eds.), *Szendrő*, 49–50; Viktória Dankó, ‘Szendrő város hegyközségi törvényei’, *Levéltári Évkönyv* 11 (2002), 41–54.

(７) István Kenyeres (ed.), *XVI. századi uradalmi utasítások*. vol.2 (Budapest, 2002), 605–627; Ödön Kárffy (ed.), ‘Utasítás a szendrői uradalom udvarbirája részére 1652-ből’, *MGSz* 8 (1901), 114–125.

(８) 後述する土地台帳には、村ごとの貢納などの記述に続いて「嘆願」という項目が設けられ、賦役などの軽減に関する領民の要求が記録されている。

（9） Thomas Winkelbauer, 'Und sollen sich die Parteien gütlich miteinander vertragen. Zur Behandlung von Streitigkeit und von „Injurien" vor den Patrimonialgerichten in Ober- und Niederösterreich in der frühen Neuzeit', *Zeitschrift der Savignyi-Stiftung für Rechtsgeschichte. Germanistische Abteilung* 109 (1992), 134-140.

（10） 表5-2参照(とくにケレストゥール町やラーコシュ村の記述)。

（11） エックハルトは、王国全体からいくつかの所領をとりあげ、土地台帳から罰金額表を作成して罰金収入の重要性を主張した。しかし、そこでは受取人が区別されていないため、あたかも罰金全体が領主収入であるかのような印象を与える結果となっている。Ferenc Eckhart, *A földesúri büntetőbíráskodás a XVI-XVII. században* (Budapest, 1954), 208-213.

（12） Szabó, 'Önkormányzatának válsága', 281-286; id., *A középkori magyar falu* (Budapest, 1969), 90-101; Eckhart, *A földesúri büntetőbíráskodás*, 8-25; Vilmos Sápi, 'Községi bíráskodásunk a feudalizmus utolsó évszázadaiban', *Jogtudomány Közlöny* 1966, 466-472; András Kubinyi, 'Nemesi szabadság— jobbágyi szabadság. Falusi önkormányzat a késő középkorban', in Gábor Klaniczay, Balázs Nagy (eds.), *A középkor szeretete. Történeti tanulmányok Sz. Jónás Ilona tiszteletére* (Budapest, 1999), 245-256.

（13） Lajos Kemény, ifj. (ed.), 'A forrói jobbágyok rendtartása 1601 elött', *MGSz* 8 (1901), 415-416.

（14） Béla Pálmány, 'Az urbárium előtt kötött földesúri úrbéri szerződésekről és a paraszti közösségek kiváltságleveleiről', in Gyula Erdmann (ed.), *Rendi társadalom—polgári társadalom* 2. *Kutatás— módszertan* (Gyula, 1989), 281-304; Katalin Péter, Jobbágycsaládok' életvitelének különbözőségei az örökös jobbágyság korában, 16-17. század, *Sz* 137 (2003), 553-556.

（15） MOL P72 Fasc. 68 Nr. 1 (1570), Nr. 3 (1570), Nr. 7 (1574), Nr. 9 (1576), Nr. 10 (1577), Nr. 11 (1578), E156 Fasc. 57 Nr. 1 (1624-1625). このうち、MOL P72 Fasc. 68 Nr. 1 は、Maksay, *Urbáriumok*, 449-481 に収録されている。

（16） 「自由人 libertinus」が罰金を受けとるのは、彼が被害者の孤児を引きとった場合であったと考えられる。

（17） MOL P72 Fasc.68, Nr. 3.

（18） Maksay, *Urbáriumok*, 465.

（19） 例えば、1652 (MOL E156 Fasc. 24 Nr. 80-II)、1673-78 (MOL E156 Fasc. 57 Nr. 17-19)。

（20） MOL P72 Fasc. 74, No. 8.

（21）　MOL NRA 731/29. この事件に関しては、Veres, Viga (eds.), *Szendrő monográfiája,* 199-200 にも言及がある。そこでは当事件がカッシャ市法廷で扱われたとされているが、一六一〇年に同屋敷を扱った裁判との混同と思われる。

（22）　一六一〇年にはやはり相続をめぐって同家屋敷と付属所領が再び係争物となったが、このときの判決はカッシャ市の王国判事が下している。Veres, Viga (eds.), *Szendrő monográfiája,* 201.

（23）　本書九七頁参照。

（24）　本章註（22）参照。

（25）　MOL E156 Fasc. 2. Nr. 22.

（26）　セーチ家の政治的立場および所領支配に関しては次を参照。Ignácz Acsády, ‘A Széchyek Murányban’, *Sz* 19 (1885), 21-47, 116-125, 212-222, 306-315.

（27）　一七世紀前半の当地域周辺における戦争と掠奪の住民への物理的・精神的インパクトは、ボルショド州が実施した農村聞取り調査の報告に生々しく描かれている。Gábor Kazinczy, ‘Adalékok a török magyarkori beltörténethez. Hivatalos nyomozások a török adó s hódítások körül Borsodban, a XVII. század I. felében’, *MTT* 6 (1859), 103-167.

（28）　Bálint Ila, *Gömör megye.* vol.1. *A megye története 1773-ig* (Budapest, 1976), 352-363.

（29）　Ibid., 323-325.

（30）　Ibid., 389-395.

（31）　Ferenc Dőry, ‘Utasítás a murányi udvarbíró részére 1662-ből,’ *MGSz* 8 (1901), 267-280.

（32）　Gábor Németh, ‘„Ez világi birodalmoknak változások...” A hegyaljai mezővárosok és a török hódítás,’ *Folia historica* 19 (1994/1995), 5-32.

（33）　MOL E156. Fasc. 25. Nr. 5. f. 94.

（34）　MOL E148 Fasc. 982. Nr. 22. fol. 2-3.

（35）　MOL E148 Fasc. 982. Nr. 22. fol. 39

（36）　MOL E148 Fasc. 982. Nr. 22. fol. 30.

（37）　MOL E148 Fasc. 982. Nr. 22. fol. 53-54.

（38）　MOL E210 Fasc. 106. Nr. 8. (Gömör megye) fol. 8.

（39）　この時期の教会裁判に関する研究はほとんど存在しない。ただし、本書四章で扱ったゼンプレーン主席牧師区に残された教会裁判記録には離婚裁判などの記事が多く挙がっており、改革派教会がかなり早くから教会裁判を実施していたことが想定される。

（40）　Varga, *Uriszék*, 735–738.

（41）　Eckhart, *A földesúri büntetőbíráskodás*, 25–30.

（42）　MOL E148 Fasc. 982. Nr. 22. fol. 49.

（43）　MOL E210 Fasc. 106. Nr. 8. (Gömör megye) fol. 1.

（44）　Eckhart, *A földesúri büntetőbíráskodás,* 29.

（45）　裁判記録には八七件、七二回の訴訟が記されている。七二件の原告内訳をみると、四四件が領主、一二件が被害者、他の一六件が不明となっており、領主が原告となったケースが最も多い。

（46）　MOL E148 Fasc. 982. Nr. 22. fol. 19–20.

（47）　MOL E210 Fasc. 106. Nr. 8. (Gömör megye) fol. 12–13.

（48）　MOL E148 Fasc. 982. Nr. 22. fol. 49–54.

（49）　MOL E148 Fasc. 982. Nr. 22. fol. 18.

（50）　MOL E210 Fasc. 106. Nr. 8. (Gömör megye) fol. 23.

（51）　MOL E148 Fasc. 982. Nr. 22. fol. 39.

（52）　MOL E148 Fasc. 982. Nr. 22. fol. 21–25.

（53）　MOL E148 Fasc. 982. Nr. 22. fol. 19–20.

（54）　MOL E148 Fasc. 982. Nr. 22. fol. 42.

（55）　Bruce Lenman, Geoffrey Parker, 'The State, the Community and the Criminal Law in Early Modern Europe,' in Vic A. C. Gatrell, Bruce Lenman, Geoffrey Parker (eds.), *Crime and the Law. The Social History of Crime in Western Europe since 1500* (London, 1980), 11–48.

（56）　裁判文書中では、具体的に賠償額に触れた事例は一件しか存在しない。

終章

近世のハンガリーでは、ポーランドなどの近隣諸国と同様に、貴族の統治活動の拡大と深化がみられた。ハンガリー王国やトランシルヴァニア侯国の有力貴族たちは、頻繁に召集された全国議会で国政の方針決定に参加し、また地方では貴族州に結集して各地の実情に即した統治方針の決定を図っていた。この時代を貴族の国政および地方統治への参加能力が著しく高まった時代とみなすことは妥当だと考えられる。ただし、このような貴族による統治の拡大・深化のなかで農民がものいわぬ統治対象でしかなかったとみるならば、それはこの社会の基盤をなしていた諸関係を見誤ることにつながるように思われる。現在、旧東独やチェコに関する研究は農村共同体の再評価を進めつつあるが、ハンガリーでも、貴族が安定的な統治を維持するには農民集団の秩序維持機能を基盤に、その統治への同意をとりつける仕組みが必要だったのではないか。また、その際には教会も世俗権力の末端機関としてではなく、一定の自律性を備えた団体として秩序形成に大きな影響を与えたのではないか。本書では、このような見通しから出発して、村落・市場町と領主、教会という三つのアクターを設定し、近世ハンガリーの宗教・社会秩序のあり方を検討してきた。その際、法と実態の両面から分析を試みるため、第一部で法令等規範史料を読みなおしながら農村共同体の位置づけをさぐり、続く第二部において、巡察記録や裁判記録など記録史料を利用しながら秩序維持への村落・市場町の関与の実態と、領主、教会との関係形成について検討してきた。最後に、これまでの検討結果をまとめ、そこで得られた像の有効性が地域的、時代的にどのような広がりをもちうるかについて考えておくことにしたい。

一六世紀半ばのハンガリーでは、オスマン朝の進出とそれが引き起した王国分裂、さらには宗教改革思想の浸透により、既存の社会秩序が大きく揺り動かされていた。こうしたなかで、日常の治安・平和維持や信仰の確保といった地域の社会秩序の課題に対応する基礎単位としての役割を高めていたのが、村落と市場町であった。村落と市場町は、四、五章でみたように、信仰生活の維持のために教会財産を維持管理し、牧師の生計に配慮し、住民のモラルの改善に目を配っていた。その活動は宗教の領域に止まらなかった。相続問題や名誉毀損などでひとたび住民間に紛争が生じれば、まず問題解決に乗り出し、秩序回復を図ったのは、町村長がとり仕切った裁判だった。住民が犯罪や外敵の脅威から身を守る際の核となる役割を果したのも、やはり村落や市場町だった。地域間格差が影響したためか、村落と市場町の権限や役割について王国法が明確に規定することはなかったが、教会や世俗の統治制度が動揺していた時代にあって、村落と市場町はますますその存在意義を高めていたとみられるのである。さらに、本書では三つのアクターの絡み合いに焦点を絞ったため触れることができなかったが、村落や市場町の活動には、町村外部の権力の介入を容易に許さない領域も存在した。例えば、近世の村落・市場町は定期的に土地割替を行う土地共同体としての機能も保持していたが、そこでは村落と市場町が自らの裁量により成員間の関係調整を行っていた。さらに、家計維持や財産相続についても、おそらくは共同体による地域固有の規制が存在し、領主や教会が口出しをすることは難しかった。確かに、一六世紀以来村落や市場町と領主、教会との結びつきが一層密接となり、その結果、農民自治という観点からすれば一見衰退とみえる状況が生じていた。しかし、この時代の農村住民にとって重要だったのは自治という抽象的権利でなく、むしろ不安定な社会のなかで生活の営みを確保することにあった。農村住民が生活の維持のため必要とあれば領主や教会の保護や協力を仰いだことを、自治の強弱といった基準で評価することは適切ではないと考えられる。

第二のアクターである領主についても、彼らは領民の自治を制限して住民生活に介入し、地代を搾取し、あるいは紀律化された従順な臣民をつくり出す国家権力の末端として現れたわけではなかった。領主は、住民の信仰生活を維持するため、たとえ自分の信仰と異なる場合でも教区運営負担の一部を担い、また牧師人事などに一定の発言権を示しつつも、重要な決定には住民や宗派教会から同意を得るよう配慮していた。さらに、領主は、世俗的な事柄においても村落・市場町の活動を前提として彼らの手に余る問題に対処する紛争解決の場を提供し、所領外部からの秩序破壊者に対しては所領の防衛に配慮するといった具合に、領民の保護者としての活動を期待され、果してもいた。もちろん、領主の最大の関心のひとつが所領収入を増大させることにあったことに疑いはないが、それは領民保護という義務と表裏一体のものであった。このような領主と村落・市場町の関係は、牧師選出時の同意形成の重視や土地台帳における裁判契約に特徴的にみられたように、契約的かつ相補的な性格を帯びていた。その契約は対等な二者間で結ばれた近代的な契約とはいえないが、領主が住民の同意なく信仰生活に介入し、同意を超えた負担を要求し、あるいは領主が果すべき役割を果さなかった場合には、領主は住民からの相応の抗議や抵抗に直面せざるをえなかったのである。

第三のアクターとして設定された宗派教会は、このような村落・市場町と領主の関係に配慮しながら地域社会に足場を築き、住民の要請に応えて社会秩序の維持に一定の役割を果していた。牧師はカトリック教会の機能不全やオスマン朝の侵攻という危機的状況を「ハンガリー人の罪」によるもの、「選ばれた民」であるがゆえの苦難として説明し、法とモラルの回復により苦難は乗り越えられるとする処方箋を説教や信仰論争を通じて提示し、住民に広く受け入れられていった。また、牧師たちは、早くから周辺の牧師らと教会会議を通じて信仰告白や教会制度のあり方について方針を確定し、カトリック教会に代わって住民の日常生活や人生の節目に不可欠の諸儀式を提供し、定期的に教会裁判を行い、領主裁判など世俗の裁判との役割分担の課題にも応えることができた。このようなハンガリーにおける牧師を、同時代のドイツ諸領邦におけるように、「近世国家のエージェント」と位置づけることはできない。その活動はもっぱら領主と村落・市場町の財政的支援のうえに成り立っており、その団体としての存続は地域社会の要請に応えて初めて確保されるものだった。また、国王の介入に対するハンガリー諸身分や農民の抵抗運動が、しばしば「信教の自由」を掲げていたことにみられるように、教会は単に身分的関係を維持し、あるいは近世国家形成に奉仕する装置ではなく、危機に対して身分を超えた連帯を促す役割をも果していたのである。

それでは、以上のような領主と農民、教会をアクターとする地域社会の秩序のあり方は、どの程度の地域的、時代的広がりをもつものと考えられるだろうか。まず地域的広がりについてみると、初めに想定した通り、チェコや旧東独で明らかにされつつある領主・農村共同体関係との共通性を指摘することができる。一六世紀から領主権が伸張したヨーロッパ東部地域では、オギルヴィーが「二元主義」と表現したように、領主制強化が既存の農村共同体の解体によってではなくその活用によって追求され、領主と農村共同体は多かれ少なかれ協力関係を築き上げることになったと考えられる。(1) 一方、ヨーロッパ東部地域内でも歴史的、地勢的条件の違いによる相違点は大きかった。ハンガリーでは宗教改革諸派が国家や住民団体から一定の独立を保ちつつ地域の秩序維持に積極的に関与した点が特徴的だったが、その背景としてはオスマン朝の存在が決定的であったと考えられる。オスマン朝はトランシルヴァニア侯やハンガリー諸身分にとってもちろん深刻な脅威だったが、トランシルヴァニア侯がしばしば試みたように、その支持を後ろ楯にハプスブルク王権の伸張を牽制することも可能であった。諸身分や農民、諸教会の活動領域が同じくハプスブルク家の支配下にあったチェコやオーストリア諸邦に比べて大きかったとすれば、その大きな要因はオスマン朝の存在に求めることができるだろう。この点に関しては、一六、一七世紀を通じて外部権力による支配を受けなかったポーランド・リトアニア国家との比較も含め、今後検討すべき問題だと思われる。

時代的広がりに関しても、オスマン朝撤退は画期をなした。一七世紀後半のオスマン朝のハンガリー撤退がもたらした最大の変化は、これまで後景に退いていた国家ないし王権というアクターが徐々に地域社会で存在感を増していったことであった。宗教領域では、ハプスブルク王権がカトリック教会を通じた住民把握を着実に進めていった。カトリックの教会制度整備によりカトリック信者の信仰生活の条件が整えられただけでなく、新教徒へのさまざまな抑圧政策が実施された。一七三一年にカーロイ三世が発布した『カロリナ裁定 Carolina Resolutio』は、公的礼拝と私的礼拝という区別を用いて新教諸派の公的礼拝を一定の場所に制限し、農民の宗教変更に国王の同意という新たな条件を課し、カトリックの祝祭に新教徒の参加を強要するなど、それまでの議会決議とは異なるさまざまな論理をもち込み、カトリックと新教諸派との間に序列を設けていった。そのほかにも、新教諸派には教会巡察が許可されず、監督職が長期間設置されないなど、宗派教会の地域管理体制にも深刻な影響が生じることとなった。領主は必ずしもこれら国王の決定を忠実に守ったわけではなく、それまで通り他宗派の信徒の信仰生活を保護する者もあったが、王権の諸政策は領主や農民、聖職者の間にそれまでと異なる関係を生じさせたであろう。(2) 裁判・治安維持の面でも、徐々に王権の存在感は増していったと考えられる。裁判に関しては、それまで機能不全に陥っていた中央の裁判制度が再建されるとともに領主裁判からの上訴が認められ、制度上は地方から中央へつながる裁判制度の整備が試みられていった。(3) また一方で、オスマン朝撤退により定期的な掠奪など治安上の不安は減じたものの、その対価として軍事税や宿営義務など国家の負担が住民の生活に重くのしかかるようになった。このような国家ないし王権というアクターの登場は、徐々にではあったがそれまでの地域社会秩序のあり方に変化を加えざるをえなかったと考えられる。こうした一八世紀の国制再編に伴う地域社会秩序の変容の解明は今後の課題である。その検討にあたっては、戦乱や荒廃状況の改善を受けた村落や市場町の内部構造の変容にも注意を払う必要があるであろう。

（1）オギルヴィーはロシア史研究者との共同研究において、「二元主義」が一八、一九世紀のロシア農村社会をみる際にも有効であることを指摘している。T.K. Dennison, Sheilagh Ogilvie, 'Serfdom and Social Capital in Bohemia and Russia,' *Economic History Review* 60 (2007), 513-544.

（2）Győző Ember, Gustav Heckenast (eds.), *Magyarország története* vol. 4. *1689-1790* (Budapest, 1989), 776-792.

（3）Idid., 493-497.

あとがき

本書は二〇〇二年に北海道大学大学院文学研究科に提出した学位論文「近世ハンガリー農村社会における宗教的秩序に関する研究」にその後発表した論文等を加え、加筆修正をほどこしたものである。出版にあたって表題を「近世ハンガリー農村社会の研究」と改めたが、内容的には近世ハンガリー農村社会の全体像を概観したものではなく、一六、一七世紀の宗教と治安・平和維持に対象を限定し、ハンガリー北東部の領主と農民、宗派教会の関係を検討したものである。なお、以下に記す通り、学位論文および加筆部分の多くはすでに雑誌論文として発表済みないし投稿中の論文等をもとにしている。

序章―新稿

一章―「近世ハンガリー王国における「信教の自由」――一六〇八年法令第一条の解釈をめぐって」『スラヴ研究』四八号、二〇〇一年、九五―一二二頁。

二章―「トランシルヴァニア公国の宗教自由法令について」『北大史学』三七号、一九九七年、一―二四頁。

三章一、五章一―「ハンガリー王国北東部の領主裁判と村落・市場町」『東欧史研究』二七号、二〇〇五年、二六―四五頁。

三章二―新稿

四章―「近世ハンガリーの教区秩序と村落・市場町――北東部ゼムプレーン州の教区運営の事例から」『西洋史学』二一二号、二〇〇四年、一―二二頁。

五章二―新稿
終章―新稿
近世ハンガリーの研究を始めるにあたっては、旧東欧社会主義圏の解体とその背景を歴史的に解明しようとする諸研究に刺激を受けた。啓蒙専制君主の登場や戦間期の権威主義体制、戦後の社会主義体制の成立（あるいは民主化・市場経済への移行の阻害要因）を、近世に端を発した社会全体の垂直的支配関係の優位という政治文化から説明しようとする見方や、それを世界経済の構造化過程と結びつけて説明しようとする見方に惹かれつつ、その明快さに違和感を覚えて研究を進めてきたのだと思う。当初の問題関心に照らせば、あまりに時代を限定した狭い問題領域にこだわりすぎており、費やしたものと到達したもののバランスの悪さに正直嘆息を禁じえないが、ともかく最初の区切りをつけられたことにはほっとしている。

本書の完成までには名前を挙げればきりがないほど多くの方々にお世話いただいた。多大なご指導・ご援助をたまわった諸先生に深く感謝申し上げたい。金沢大学時代に故新田一郎先生、森原隆先生に研究の意義をみいだしていただくことがなければ、研究を続けることはできなかった。本書校正中に新田先生の訃報に接した。生来の遅筆ゆえ先生の批判を仰ぐことができなかったことが残念でならない。北海道大学時代には、栗生澤猛夫先生、家田修先生よりとくにご指導いただいた。両先生の驚異的な生産力を横目に牛歩の歩みで研究を進めるのは正直辛かったが、外国研究が広く人々の関心に訴えることができることを示してくださったのも両先生であった。留学中には、デブレツェン大学の ifj. Barta János 教授、ハンガリー科学アカデミーの Péter Katalin 教授、オックスフォード大学の Robert Evans 教授に史料の探し方から読み方、研究者の紹介など、なにくれとなくお世話いただいた。なにより、日本の地方大学で雲をつかむ思いで研究を始めた私にとって、同じ時代・地域を対象とする代表的研究者たちから今後の研究で明らかにできること、難しいことの境界を学ぶことができたのは大きな収穫だったと思う。

最後に、まったくの私事ながら、次男の気楽さで勝手な研究生活を送る私を文句もいわず見守ってくれた父母に、この場を借りて感謝したい。

本書の作成・出版にあたっては、独立行政法人日本学術振興会平成一五～一七年度科学研究費補助金（特別研究員奨励金）および平成一九年度科学研究費補助金（研究成果公開促進費）の交付を受けた。

二〇〇七年一一月一日

飯尾唯紀

飯尾唯紀（いいお ただき）

1970年，愛知県生まれ
金沢大学文学部史学科卒業
北海道大学大学院文学研究科博士課程修了（文学博士）
1997-99年，ハンガリー政府給費奨学生（コシュート・ラヨシュ大学）
2003-06年，日本学術振興会特別研究員
現在，北海道大学スラブ研究センターCOE共同研究員，外務省専門調査員

近世ハンガリー農村社会の研究――宗教と社会秩序

2008年2月25日　第1刷発行

著　者　飯　尾　唯　紀
発行者　吉　田　克　己

発行所　北海道大学出版会
札幌市北区北9条西8丁目 北海道大学構内（〒060-0809）
tel. 011(747)2308・fax. 011(736)8605・http://www.hup.gr.jp

㈱アイワード／石田製本

ISBN978-4-8329-6686-4

索　引

あ　行

か　行

さ 行

た　行

な 行

は 行

ま　行

や 行

ら 行

わ 行

参考文献

【雑誌略号】

MGSz	*Magyar Gazdaságtörténelmi Szemle*
MPEA	*Magyar Protestáns Egyháztörténeti Adattár*
MTT	*Magyar Történelmi Tár*
PSz	*Protestáns Szemle*
RGy	*A Ráday Gyűjtemény Évkönyve*
SF	*Sárospataki Füzetek*
Sz	*Századok*
ThSz	*Theológiai Szemle*
TT	*Történelmi Tár*
TSz	*Történelmi Szemle*

(1) 手稿史料

B. A. Z. m. Lt. = Borsod-Abaúj-Zemplén Megyei Levéltár
  IV. 501/b Közgyűlési iratok 1607–1785. Acta Politica
  IV. 501/c Acta Judicialia Prothocollata
  V. Szendrő nagyközség iratai 1588–1850.

MOL = Magyar Országos Levéltár
  E szekció (Magyar kincstári levéltárak)
    E148 Urbaria et Conscriptiones
    E156 Neo-regestrata acta
    E210 Miscellanea
  P szekció (Családi levéltárak)
    P72 Csáky család levéltára, Központi levéltár
  N szekció (Regnicoláris levéltár)
    N114 Kovachich Márton György gyűjteménye és acta diaetalia. vol. 16.
  Mikrőfilmtár
    1907–1908 d. Református egyházkerület levéltárák régebbi könyvanyaga. A tiszáninneni református egyházkerület nagykönyvtára, Kéziirattár, Kt. 16–18, Prothocolum Venerabilis Tractus Zempleniensis.

MOE 1607–1608=Monumenta Comitialia Regni Hungariae. vol. 1607–1608., ed. Benda Kálmán

(2) 公刊史料

Adalékok a török magyarkori beltörténethez. Hivatalos nyomozások a török adó s hódítások körül Borsodban, a XVII. század I. felében, ed. Kazinczy Gábor, *MTT* 6 (1859), 103-167.

Ág. Hitv. ev. zsinatok a bécsi béke előtt, ed. Thúry Etele, *MPEA* 2 (1901), 1-117.

Borsod vármegye statutumai, 1578-1785, ed. Tóth Péter and Barsi János (Miskolc, 1989).

CJH = *Corpus Juris Hunarici. Magyar törvénytár*, ed. Márkus Dezső (Budapest, 1899-). *1526-1608. évi törvényczikkek* (1899); *1608-1657. évi törvényczikkek* (1900); *1540-1848. évi erdélyi törvények* (1900).

CS = *Corpus Statutorum Hungariae Municipalium. Monumenta Hungariae Juridico-Historica. Magyarországi jogtörténeti emlékek. A magyar törvényhatóságok jogszabályainak gyűjteménye.* vol. 1-5, ed. Kolosváry Sándor and Óvári Kelemen (Budapest, 1885-1904).

EOE = *Erdélyi Országgyűlési Emlékek. Monumenta Comitialia Regni Transylvaniae.* vol. 1-21, ed. Szilágyi Sándor (Budapest, 1875-1898). vol. 1. 1540-1556 (1875), vol. 2. 1556-1576 (1876), vol. 3. 1576-1596 (1877), vol. 4. 1597-1601 (1878), vol. 5. 1601-1607 (1879).

A forrói jobbágyok rendtartása 1601 előtt, ed. Kemény Lajos, ifj., *MGSz* 8 (1901), 415-416.

Hegyaljai mezővárosok "törvényei" a XVII-XVIII. századból, ed. Németh Gábor (Budapest, 1990).

Magyar prot. egyháztörténeti kútfők. A zempléni helv. hit. egyházmegye jegyzőkönyvéből, ed. Hegedűs László, *SF* 1 (1857-1858), 753-760, 972-981; 3 (1859), 338-358, 475-483.

Miskolczi Csulyak István esperesi naplója és leveleskönyve, ed. Zoványi Jenő, *MPEA* 10 (1911), 26-142; 11 (1927), 168-191; 12 (1928), 186-219; 13 (1929), 142-148.

Miskolczi Csulyak István diariumából, ed. Zsinka Ferenc, *MPEA* 11 (1927), 119-167; 12 (1928), 89-122.

Miskolczi Csulyak István zempléni ref. esperes (1629-1645) egyházlátogatási jegyzőkönyvei, ed. Zoványi Jenő, *TT* új folyam 7 (1906), 48-102, 266-313, 368-407.

MOE = *Monumenta Comitialia Regni Hungariae.* vol. 1-12, ed. Károlyi Árpád (Budapest, 1874-1917). vol. 10. 1602-1604 (1890), vol. 11. 1605-1606 (1899), vol. 12. 1606 (1917).

A nógrádi ev. esperesség Balassowitz-féle protocolluma, ed. Okolicsányi József, *MPEA* 3 (1903), 165-205.

Österreichische Staatsverträge. Fürstentum Siebenbürgen 1526-1690, ed. Gooss, Roderich. (Wien, 1911. rpt. Nendeln 1970).

Református egyházlátogatási jegyzőkönyvek. XVI-XVII. század, ed. Dienes Dénes (Budapest, 2001).

Régi históriák. Ózd és környéke múltjának írott forrásai. Helytörténeti olvasókönyv, ed. Nagy Károly (Ózd, 1984).

Relationes Missionariorum de Hungaria et Transilvania (1627-1707), ed. Tóth István György (Budapest, Roma, 1994).

A XVI. században tartott magyar református zsinatok végzései, ed. Kiss Áron

(Budapest, 1881).
XVI. századi uradalmi utasítások, ed. Kenyeres István, vol. 1-2 (Budapest, 2002).
Urbáriumok. XVI-XVII. század, ed. Maksay Ferenc (Budapest, 1959).
Urkundenbuch der evangelischen Landeskirche A. B. in Siebenbürgen. vol. 1. ed. Teutsch, Georg D. (Hermannstadt, 1862).
Uriszék. XVI-XVII. századi perszövegek, ed.Varga Endre (Budapest, 1958).
Utasítás a szendrői uradalom udvarbirája részére 1652-ből, ed. Kárffy Ödön, *MGSz* 8 (1901), 114-125.
Utasítás a murányi udvarbíró részére 1662-ből, ed. Dőry Ferenc, *MGSz* 8 (1901), 267-280.
Werbőczy István, *Tripartitum. A dicsőséges magyar királyság szokásjogának hármaskönyve* (Budapest, 1894) (rpt. Budapest, 1990).
Werbőczy, Stephen, *The Customary Law of the Renowned Kingdom of Hungary. A Work in Three Parts, the "Tripartitum"*, ed. Bak, János M, Banyó, Péter and Rady, Martyn (Idyllwild/Budapest, 2005).
A zempléni ref. dioecesis egyházlátogatási kérdőpontjai, ed. Zoványi Jenő, *PSz* 18 (1906), 40-41.
A zempléni ref. dioecesis zsinatai Miskolczi Csulyak István esperes idejében (1629-1645), ed. Zoványi Jenő, *TT* új folyam 10 (1909), 184-211, 406-438.
Zsinat Ujlakon, ed. Hegedűs László, *SF* 8 (1864), 146-155.

(3) 二次文献

Acsády Ignácz: A Széchyek Murányban, *Sz* 19 (1885), 21-47, 116-125, 212-222, 306-315.
Adriányi, Gabriel: Polnische Einflüsse auf Reformation und Gegenreformation in Ungarn, *Ungarn-Jahrbuch* 4 (1972).
Anderson, Perry: *Lineages of the Absolutist State* (London, 1974).
秋山　晋吾「ハンガリーにおける町村結合と共通の記憶」『史学雑誌』第 112 編, 2003 年, 1009-1042 頁。
Aston, T. H., Philpin, C. H. E. (eds.): The Brenner Debate. Agrarian Class Structure and Economic Development in Pre-Industrial Europe (Cambridge UP, 1985).
Bácskai Vera: A mezővárosi önkormányzat a XV. században és a XVII. század elején, Bónis György, Degré Alajos (eds.), *Tanulmányok a helyi önkormányzat múltjából* (Budapest, 1971), 9-34.
Bahlcke, Joachim and Strohmeyer, Arno (eds.): *Konfessionalisierung in Ostmitteleuropa. Wirkungen des religiösen Wandels im 16. und 17. Jahrhundert in Staat, Gesellschaft und Kultur* (Stuttgart, 1999).
Bahlcke, Joachim, Bömelburg, Hans-Jürgen and Kersken, Norbert (eds.): *Ständefreiheit und Staatsgestaltung in Ostmitteleuropa. Übernationale Gemeinsamkeiten in der politischen Kultur vom 16.-18. Jahrhundert* (Leipzig, 1996).
Balázs Mihály: "A hit...hallásból lészön." Megjegyzések a négy bevett vallás intézményesüléséhez a 16. századi Erdélyben, in Fodor, Pálffy and Tóth (eds.), *Tanulmányok*, 51-73.
Barsi János (ed.): *Magyarország történeti helységnévtára. Zemplén megye. 1773-1808*. vol. 1-2 (Budapest, 1998).

Barta Gábor: *Az erdélyi fejedelemség születése* (Budapest, 1979).
————: Siebenbürgen im Königreich Ungarn. 997–1690, in *Etudes Historiques Hongroises 1990*. vol. 1 (Budapest, 1990), 79–96.
Benda Kálmán: *Bocskai István* (Budapest, 1942).
————: *A Bocskai-szabadságharc* (Budapest, 1955).
————: Habsburg-politika és rendi ellenállás a XVII. század elején, *TSz* 13 (1970), 404–427.
————: A kálvini tanok hatása a magyar rendi ellenállás ideológiájára, *Helikon* 17 (1971), 321–329.
————: A királyi Magyarország tiszti címtára. 1607–1608, *Levéltári Közlemények* 43–2 (1972), 265–325.
————: *Habusburg abszolutizmus és rendi ellenállás a XVI–XVII. században* (Budapest, 1975).
————: A mezővárosi önkormányzat és az egyházak a XVI–XVIII. században, in Novák László, Selmeczi László (eds.), *Falvak, mezővárosok az Alföldön* (Nagykőrös, 1986), 301–306.
Benda Kálmán and Péter Katalin: *Az országgyűlések a kora újkori magyar történelemben* (Budapest, 1987).
Binder, Ludwig: *Grundlagen und Formen der Toleranz in Siebenbürgen bis zur Mitte des 17. Jahehunderts* (Köln/Wien, 1976).
Biró Sándor and Szilágyi István (eds.): *A magyar református egyház története* (Sárospatak, 1949, rpt. 1995).
Blickle, Peter (ed.): *Landgemeinde und Stadtgemeinde in Mitteleuropa. Ein struktureller Vergleich* (München, 1991).
ブリックレ，P.(服部良久訳)：『ドイツの臣民——平民・共同体・国家 1300〜1800 年』ミネルヴァ書房，1990 年［Peter Blickle, *Deutsche Untertanen. Ein Widerspruch* (München, 1981)］。
————（前間良爾訳）：「共同体主義，議会主義，共和主義——邦訳と解説」『九州情報大学研究論集』第 2 巻第 1 号，2000 年，131–154 頁［Peter Blickle, Kommunalismus, Parlamentarismus, Republikanismus, *Historische Zeitschrift* 242 (1986), 529–556］。
Bónis György, Varga Endre and Degré Alajos: *A magyar bírósági szervezet és perjog története* (Budapest, 1961).
Borovszky Samu: *Borsod vármegye története a legrégibb időktől a jelenkorig.* vol. 1. *A vármegye általános története a őskortól a szatmári békéig* (Budapest, 1909).
Bucsay Mihály: *Der Protestantismus in Ungarn. 1521–1978. Ungarns Reformationskirchen in Geschichte und Gegenwart.* vol. 1. *Im Zeitalter der Reformation, Gegenreformation und katholischen Reform* (Wien/Köln/Graz, 1972).
カメン，H.(成瀬　治訳)：『寛容思想の系譜』平凡社，1970 年［Henry Kamen, *The Rise of Toleration* (London, 1967)］。
千葉徳夫：「近世ドイツ国制史研究における社会的規律化」『法律論叢』第 67 巻第 2・3 号，1995 年，479–507 頁。
————：「中世後期・近世ドイツにおける都市・農村共同体と社会的規律化」『法律論

叢』第 67 巻第 4・5・6 号，1995 年，455–474 頁。
Csizmadia Andor: Les Congrégations générales et les diètes en Transylvanie, *Acta Juridica Academiae Scientiarum Hungaricae* 21 (1979), 217–240.
———: *Jogi emlékek és hagyományok. Esszék és tanulmányok* (Budapest, 1987).
Csizmadia Andor, Kovács Kálmán and Asztalos László (eds.): *Magyar állam- és jogtörténet* (Budapest, 1972).
Csohány János: *Egyháztörténeti írások* (Debrecen, 1994).
Dankó Viktória: Szendrő város hegyközségi törvényei, *Levéltári Évkönyv* 11 (2002), 41–54.
Daugsch, Walter: Toleranz im Fürstentum Siebenbürgen, *Kirche im Osten* 26 (1983), 35–72.
———: Gegenreformation und protestantische Konfessionsbildung in Siebenbürgen zur Zeit Stephan Báthorys. 1571–1584, in Weber, G. and Weber, R. (eds.), *Luther und Siebenbürgen*, 215–228.
———: Die Nationsuniversität der siebenbürger Sachsen im 16. und 17. Jahrhundert, in Kessler, Wolfgang (ed.), *Gruppenautonomie in Siebenbürgen* (Köln/Wien, 1990), 179–216.
Dienes Dénes: *Tanulmányok a tiszáninneni református egyháztörténetéből* (Sárospatak, 1998).
———: Szláv ajkú protestánsok Zemplén vármegyében a XVII. században. Adalékok a szláv-magyar nyelvhatár kérdéséhez, in Tamás (ed.), *Zemplén népessége*, 104–111.
Eckhart Ferenc: *A Szentkorona eszme története* (Budapest, 1941).
———: A falu füstje, *Jogtudomány Közlöny* 7 (1952), 258–264.
———: *A földesúri büntetőbíráskodás a XVI–XVII. században* (Budapest, 1954).
Ember Győző: *Az újkori magyar közigazgatás története. Mohácstól a török kiűzéséig* (Budapest, 1946).
Endes Miklós: *Erdélyi három nemzet és négy vallás autonomiájának tortenete* (Budapest, 1935).
Evans, R. J. W.: *The Making of the Habsburg Monarchy 1550–1700. An Interpretation* (Oxford UP, 1979).
———: Calvinism in East Central Europe. Hungary and Her Neighbours, in Prestwich, Menna (ed.), *International Calvinism. 1541–1715* (Oxford UP, 1985), 167–196.
———: Die Grenzen der Konfessionalisierung. Die Folgen der Gegenreformation für die Habsburgerländer (1650–1781), in Bahlcke, Bömelburg and Kersken (eds.), *Ständefreiheit und Staatsgestaltung*, 395–412.
Evans, R. J. W. and Thomas, T. V. (eds.): *Crown, Church and Estates. Central European Politics in the Sixteenth and Seventeenth Centuries* (London, 1991).
Fazekas István: Adalékok a fraknói uradalom és a kismartoni grófság rekatolizációjához, *RGy* 7 (1994), 126–145.
———: Falusi közösségek hitváltoztatása a 17. században, *Vigilia* 64 (1999), 521–527.
———: Dorfgemeinde und Glaubenswechsel in Ungarn im späten 16. und 17. Jahr-

hundert, in Bahlcke and Strohmeyer (eds.), *Konfessionalisierung in Ostmitteleuropa,* 339-350.

Fodor Pál, Pálffy Géza and Tóth István György (eds.), *Tanulmányok Szakály Ferenc emlékére* (Budapest, 2002)

Fügedi Erik: *Kolduló barátok, polgárok, nemesek. Tanulmányok a magyar középkorról* (Budapest, 1981).

Gagyi Sándor: *Erdélyi vallásszabadsága. A mohácsi vésztől Báthori Istvánig* (Budapest, 1912).

Gárdonyi Albert: Városi plébániák kiváltságos állása a középkorban, in Domanovszky Sándor (ed.), *Emlékkönyv Károlyi Árpád születése nyolcvanadik fordulójának ünnepére* (Budapest, 1933).

Glettler, Monika: Probleme und Aspekte der Reformation in Ungarn, *Ungarn-Jahrbuch* 10 (1979), 225-239.

Gönczi Katalin: Werbőczy's Reception in Hungarian Legal Culture, in Rady, Martyn (ed.), *Custom and Law in Central Europe* (Cambridge, 2003), 87-99.

Guggisberg, Hans R.: The Defence of Religious Toleration and Religious Liberty in Early Modern Europe. Arguments, Pressures and Some Consequences, *History of European Ideas* 4 (1983), 35-50.

Gunst Péter: Aspekte kommunaler Ordnung im mittelalterlichen Ungarn (bis1848), in id., *Agrarian Development and Social Change in Eastern Europe, 14th-19th Centuries* (Aldershot, 1996).

Gyáni Gábor, Érvek az elkanyarodás elmélete ellen. Reflexiók Pach Zsigmond Pál 'A középkelet-európai régió az újkor kezdetén' c. írására, *Buksz* 3 (1991), 406-409.

Gyárfás István: *A paraszt vármegye* (Budapest, 1882).

Ember Győző and Heckenast Gusztav (eds.), *Magyarország története*. vol. 4. *1686-1790* (Budapest,1989).

Hagen, William W.: Village Life in East-Elbian Germany and Poland, 1400-1800. Subjection, Selfdefence, Survival, in Scott, Tom (ed.), *The Peasantries of Europe. From the Fourteenth to the Eighteenth Centuries* (London, 1998), 145-190.

Hajnik lmre: *A magyar bírósági szervezet és perjog az árpád- és a vegyes-házi királyok alatt* (Budapest, 1899).

Harnisch, Hartmut: Die Landgemeinde im ostelbischen Gebiet (mit Schwerpunkt Brandenburg), in Blickle (ed.), *Landgemeinde und Stadtgemeinde*, 309-332.

Harsányi István: Miskolczi Csulyak István élete és munkái. 1575-1645, *ThSz* 2 (1926), 562-586.

Härter, Karl: Soziale Disziplinierung durch Strafe? Intentionen frühneuzeitlicher Policeyordnungen und staatliche Sanktionspraxis, *Zeitschrift für historische Forschung* 26 (1999), 365-379.

———: Social Control and Enforcement of Police-Ordinances in Early Modern Criminal Procedure, in Schilling, Heinz (ed.), *Institutionen, Instrumente und Akteure sozialer Kontrolle und Disziplinierung im frühneuzeitlichen Europa*

(Frankfurt am Main, 1999), 39–63.
服部良久：「中・近世ティロル農村社会における紛争・紛争解決と共同体」『京都大学文学部研究紀要』41号，2002年。
————：「中・近世の東中欧における国家と貴族——シュテンデと宗教的複合」『人文知の新たな総合に向けて』第2回報告書1〔歴史篇〕，2004年，343–356頁。
平井　進：『近代ドイツの農村社会と下層民』日本経済評論社，2007年。
Hōman Bālint and Szekfű Gyula: *Magyar tӧrtēnet.* vol. 1–5. (Budapest, 1935–1936, rpt. 1990).
Horvāth Jānos: *A reformāciō jegyēben. A Mohācs utāni fēlszāzad magyar irodalomtörtēnete.* (Budapest, 1957).
Horvāth Mihāly, Koritsānszky Dezső, Lukācs Jānos and Rozsnyai Gēza (eds.): *Szendrő. Kēpek a volt vāros ēs vārānak tӧrtēnetēből* (Szendrő, 1959).
家田　修：「ハンガリーに見る歴史の断絶と連続——カーダールとイッエーシュの56年事件論を手掛かりとして」『東欧史研究』13号，1990年，76–88頁。
Ila Bālint: *Gӧmӧr megye. A települēsek tӧrtēnete 1773-ig.* vol. 1–4 (Budapest, 1944–1976).
Imreh Istvān: *A rendtartō szēkely falu. Faluközössēgi hatārozatok a feudalizmus utolsō ēvszāzadābōl* (Bucureşti, 1973).
Juhász Istvān: Az erdēlyi egyhāzak 17. századi együttēlēsēnek kērdēsei a fogarasi vārtartmānyban, *RGy* 4–5 (1984–85), 9–27.
Kārolyi Ārpād: *Nēhāny tӧrtēnelmi tanulmāny* (Budapest, 1930).
加藤房雄：『ドイツ都市近郊農村史研究——「都市史と農村史のあいだ」序説』広島大学経済研究双書12，2005年。
Klaniczay Tibor: *Reneszānsz ēs barokk. Tanulmānyok a rēgi magyar irodalomrōl* (Budapest, 1966, 2nd.ed., Szeged, 1997).
Kollānyi Ferencz: *A magān kegyūri jog hazānkban a kӧzēpkorban* (Budapest, 1906).
Kӧpeczi Bēla (ed.): *Erdēly tӧrtēnete.* vol. 1–3. (Budapest, 1986).
小山　哲：「ワルシャワ連盟協約の成立——16世紀のポーランドにおける宗教的寛容の法的基盤」『史林』第73巻第5号，1990年，722–757頁。
Kubinyi Andrās: Zur Frage der deutschen Siedlungen im mittleren Teil des Kӧnigreichs Ungarn, in Schlesinger, Walter (ed.), *Die deutsche Ostsiedlung des Mittelalters als Problem der europäischen Geschichte* (Sigmaringen, 1975), 527–566.
————: Polgārsāg a mezővārosban a kӧzēpkor ēs az ūjkor hatārān, *Buksz* 9–2 (1997), 186–190.
————: *Főpapok, egyhāzi intēzmēnyek ēs vallāsossāg a kӧzēpkori Magyarorszāgon* (Budapest, 1999).
————: Nemesi szabadsāg- jobbāgyi szabadsāg. Falusi ӧnkormānyzat a kēső kӧzēpkorban, in Klaniczay Gābor and Nagy Balāzs (eds.), *A kӧzēpkor szeretete. Tӧrtēneti tanulmānyok Sz.Jōnās Ilona tiszteletēre* (Budapest, 1999), 245–256.
Kurze, Dietrich: *Pfarrerwahlen im Mittelalter* (Kӧln, 1966).
Ladānyi Erzsēbet: The Graduates of the Sārospatak School in the Time of Comenius in the Everyday Life of the Hegyalja District, in Fӧldes Ēva and Mēszāros Istvān (eds.), *Comenius and Hungary. Essays* (Budapest, 1973), 133–144.

Lenman, Bruce and Parker, Geoffrey: The State, the Community and the Criminal Law in Early Modern Europe, in Gatrell, Vic A. C., Lenman, Bruce and Parker, Geoffrey (eds.), *Crime and the Law. The Social History of Crime in Western Europe Since 1500* (London, 1980), 11–48.

Lukinich Imre: *Erdély területi változásai a török hódítás korában. 1541–1711* (Budapest, 1918).

Maag, Karin (ed.): *The Reformation in Eastern and Central Europe* (Hampshire, 1997).

Makkai László: *A magyar puritánusok harca a feudálizmus ellen* (Budapest, 1952).

———: *A kurc nemzeti összefogás előzményei. Népi felkelések Felső-Magyarországon. 1630–1632-ben* (Budapest, 1956).

———: Nemesi köztársaság és kálvinista teokrácia a XVI. századi Lengyelországban és Magyarországon, *RGy* 3 (1983), 17–29.

———: The Crown and the Diets of Hungary and Transylvania in the Sixteenth Century, in Evans and Thomas (eds.), *Crown, Church and Estates*, 1991, 80–91.

———(ed.): *I. Rákóczi György birtokainak gazdasági iratai. 1631–1648* (Budapest, 1954).

———(ed.): *Jobbágytelek és parasztgazdaság az örökös jobbágyság kialakulásának korszakában. Tanulmányok Zemplén megye XVI–XVII. századi agrártörténetéből* (Budapest, 1966).

Mezey Barna (ed.): *Magyar alkotmánytörténet* (Budapest, 1999).

Meznerics Iván, *A megyei büntető igazságszolgáltatása XVI–XIX. században* (Budapest, 1933)

Miklós Ödön: *A magyar protestáns egyházalkotmány kialakulása a reformáció századában* (Pápa, 1942).

南塚信吾：『東欧経済史研究序説』多賀出版，1985 年。

南塚信吾：『静かな革命——ハンガリーの農民と人民主義』東京大学出版会，1987 年。

Molnár Ambrus: Lelkészhívás és marasztás a református egyházban. Papmarasztás az erdélyi és tiszántúli egyházkerületben a XVI–XIX. században, *ThSz* 1996, 14–20.

Molnár Antal: Olasz minoriták a XVII. századi Felső-Magyarországon. A kora újkori magyarországi missziók elméleti alapvetésének és tevékenységi formáinak történetéhez, *Aetas* 3 (1992), 44–77.

Murdock, Graeme: Church Building and Discipline in Early Seventeenth-Century Hungary and Transylvania, in Maag (ed.), *The Reformation*, 136–154.

———: *Calvinism on the Frontier. 1600–1660. International Calvinism and the Reformed Church in Hungary and Transylvania* (Oxford, 2000).

Nagy László: *Bocskai István a hadak élén* (Budapest, 1981).

中澤達哉：「「王国の王冠」「王国の共同体」「王国の身体」——ハンガリーのレスプブリカ再考」小倉欣一編『近世ヨーロッパの東と西——共和政の理念と現実』45–62。

Németh Gábor: Mezővárosi önkormányzat és társadalmi meghatározói a XVI–XVII. századi Abaúj és Zemplén megyében. A szőlőművelő mezővárosok társadal-

mának és önkormányzatának összefüggései, *Agrártörténeti Szemle* 30 (1988), 306-339.

———: „Ez világi birodalmoknak változások...,“ A hegyaljai mezővárosok és a török hódítás, *Folia historica* 19 (1994/1995), 5-32.

踊　共二：『亡命と改宗の社会史——近世スイスにおける国家・共同体・個人』創文社, 2003年。

Ogilvie, Sheilagh: Communities and the "Second Serfdom" in Early Modern Bohemia, *Past & Present* 187 (2005), 69-119.

———: "So That Every Subject Knows How To Behave". Social Disciplining in Early Modern Bohemia, *Comparative Studies in Society and History* 48 (2006), 38-78.

Ogilvie, Sheilagh and Dennison, T. K.: Serfdom and Social Capital in Bohemia and Russia, *Economic History Review* 60 (2007), 513-544.

小倉欣一編：『近世ヨーロッパの東と西——共和政の理念と現実』山川出版社, 2004年。

Orosz István: *Hagyományok és megújulás. Válogatott tanulmányok a magyar mezővárosok történetéből* (Debrecen, 1995).

Pálmány Béla: Az urbárium előtt kötött földesúri úrbéri szerződésekről és a paraszti közösségek kiváltságleveleiről, in Erdmann Gyula (ed.), *Rendi társadalom-polgári társadalom* 2. (Gyula, 1989), 281-304.

パーク, デーヴィド・B.(紺野義継訳)：『ユニテリアン思想の歴史——自由宗教の歴史の原史料による述作』アポロン社, 1978年［David B. Parke, *The Epic of Unitarianism. Original Writings from the History of Liberal Religion* (Boston/ Mass, 1957)］

Péter Katalin: A mohácsi csatától a szatmári békéig (1526-1711), *Sz* 114 (1980), 364-377.

———: The Struggle for Protestant Religious Liberty at the 1646-47 Diet in Hungary, in Evans and Thomas (eds.), *Crown, Church and Estates*, 261-268.

———: A református gyülekezet első száz éve Sárospatakon, in Glatz Ferenc (ed.), *A tudomány szolgálatában. Emlékkönyv Benda Kálmán 80. születésnapjára* (Budapest, 1993), 113-122.

———: *Papok és nemesek. Magyar művelődéstörténeti tanulmányok a reformációval kezdődő másfél évszázadból* (Budapest, 1995).

———: Tolerance and Intolerance in Sixteenth Century Hungary, in Grell, Ole Peter and Scribner, Bob (eds.), *Tolerance and Intolerance in the European Reformation* (Cambridge, 1996), 249-261.

———: A jobbágy házasodási szabadsága az örökös jobbágyság korában, in Fodor, Pálffy and Tóth (eds.), *Tanulmányok*, 333-352.

———: Jobbágycsaládok életvitelének különbözőségei az örökös jobbágyság korában, 16-17. század, *Sz* 137 (2003), 549-578.

———: *A reformáció. Kényszer vagy választás?* (Budapest, 2004).

———: *Sárospatak története 1526-1704*(手稿).

Péter László (ed.): *Historians and the History of Transylvania* (Colombia U. P., 1992).

Philippi, Paul: Staatliche Einheit und gesellschaftliche Pluralität in der Religionsgesetzgebung des Fürstentums Siebenbürgen, *Heidelberger Jahrbücher* 18 (1974),

50–65.
Pirnát Antal: *Die Ideologie der Siebenbürger Antitrinitarier in den 1570-er Jahren* (Budapest, 1961).
Prestwich, Menna (ed.): *International Calvinism, 1541–1715* (Oxford U. P., 1985).
Rácz István: *A hajdúk a XVII. században* (Debrecen, 1969).
———: *Protestáns patronátus. Debrecen város kegyúrasága* (Debrecen, 1997).
Reinerth, Karl: *Die Gründung der evangelischen Kirchen in Siebenbürgen* (Köln/Wien, 1979).
Révész Imre: *Magyar református egyháztörténet,* vol. 1. *1520 tájától 1608-ig* (Debrecen, 1938).
———: *A szatmárnémeti nemzeti zsinat és az első magyar református ébredés* (Budapest, 1947, rpt. Debrecen, 1993).
Révész László: Die Entwicklung der konfessionellen Toleranz in Siebenbürgen, *Ungarn-Jahrbuch* 12 (1982/83), 109–132.
レーゼナー，W.(藤田幸一郎訳)：『農民のヨーロッパ』平凡社，1995年［Werner Rösener, *Die Bauern in der europäischen Geschichte* (München, 1993)］
Rudnay Béla: *A Csermenyek és a parasztság büntető bíróságai a XVI. és XVII. században* (Budapest, 1909).
Sápi Vilmos: Községi bíráskodásunk a feudalizmus utolsó évszázadaiban, *Jogtudomány Közlöny* (1966), 466–472.
Schilling, Heinz: Confessional Europe, in Tracey, J. D., Brady, T. A. and Oberman, H. A., (eds.), *Handbook of European History, 1400–1600. Late Middle Ages, Renaissance and Reformation*. vol. 2. *Visions, Programs and Outcomes* (Leiden, 1995), 641–681.
Schimert, Peter George: Péter Pázmány and the Reconstitution of the Catholic Aristocracy in Habsburg Hungary, 1600–1650, Ph.D. Dissertation in History (University of North Carolina, 1989).
Schmidt, Heinrich Richard: Morals Courts in Rural Berne during the Early Modern Period, in Maag (ed.), *The Reformation*, 155–181.
———: Sozialdisziplinierung? Ein Plädoyer für das Ende des Etatismus in der Konfessionalisierungsforschung, *Historische Zeitschrift* 265 (1997), 639–682.
Schramm, Gotfried: Polen-Böhmen-Ungarn. Übernationale Gemeinsamkeiten in der politischen Kultur des späten Mittelalters und der frühen Neuzeit, in Bahlcke, Bömelburg and Kersken (eds.), *Ständefreiheit und Staatsgestaltung*, 13–38.
シュトゥッツ，U.(増淵静四郎・淵倫彦訳)：『私有教会・教会法史』創文社，1971年［Ulrich Stutz, Die Eigenkirche als Element des mittelalterlich-germanischen Kirchenrechtes, Antrittsvorlesung, gehalten am 23. Oktober 1894; id, Die kirchliche Rechtsgeschichte, Rede zur Feier des 27. Januar 1905, gehalten in der Aula der Universität zu Bonn, Stuttgart 1905］。
鈴木広和：「ハンガリー王国の再編」『岩波講座世界歴史 8 ヨーロッパの成長』岩波書店，1998年，79–99頁。
Szabó István: *Tanulmányok a magyar parasztság történetéből* (Budapest, 1948).
———: *Jobbágyok-Parasztok. Értekezések a magyar parasztság történetéből* (Bu-

dapest, 1976).

————: *A középkori magyar falu* (Budapest, 1969).

Szakály Ferenc: *Parasztvármegyék a XVII. és XVIII. században* (Budapest, 1969).

————: Parasztság és honvédelem. A parasztság és a török-, illetve habsburg- ellenes küzdelmek a *XVI-XVII.* századi Magyarországon, *Valóság* 17 (1974), 27-39.

————: *Mezőváros és reformáció. Tanulmányok a korai magyar polgárosodás kérdéséhez* (Budapest, 1995).

Szűcs Jenő: Ferences ellenzéki áramlat a magyar parasztháború és reformáció hátterében, *Irodalomtörténeti Közlemények* 78 (1974), 409-435.

Takács Sándor: *Művelődéstörténeti tanulmányok a XVI-XVII. századból* (Budapest, 1961).

Tamás Edit: Zemplén vármegye népessége a XVIII-XIX. században, in Tamás (ed), *Zemplén népessége*, 265-297.

Tamás Edit (ed.): *Zemplén népessége, települései. Tanulmányok Németh Gábor emlékére* (Sárospatak, 1999).

Tóth István György: A törvény és törvénytelen szerelem konfliktusai a 18. századi magyar falvakban, *Rendi társadalom-Polgári társadalom* 3 (1989), 45-50.

戸谷　浩：「ハイドゥー研究における「断絶」と「不整合」——近世ハンガリーにおける社会集団ハイドゥーへの〝定説〟を踏まえて」『史潮』新 29 号，1991 年，61-74 頁。

————：『ハンガリーの市場町——羊を通して眺めた近世の社会と文化』彩流社，1998 年。

Trócsányi Zsolt: *Az erdélyi fejedelemség korának országgyűlései. Adalék az erdélyi rendiség történetéhez* (Budapest, 1976).

Unghváry, Alexander Sándor: *The Hungarian Protenstant Reformation in the Sixteenth Century under the Ottoman Impact. Essays and Profiles* (New York, 1989).

Varga János: *Jobbágyrendszer a magyarországi feudalizmus kései századaiban. 1556-1767* (Budapest, 1969).

Vári András: Kelet- és Nyugat-Európa agrártársadalmi dualizmusa. Tavalyi hó?, *Korall* 15-16 (2004), 117-144.

Várkonyi Ágnes, R.: *Magyarország keresztútjain. Tanulmányok a XVII. századról* (Békéscsaba, 1978).

————: *A királyi Magyarország* (Budapest, 1999).

————(ed.): *Mayarország története.* vol. 3. *1526-1686* (Budapest, 1985).

Veres László and Viga Gyula (eds.): *Szendrő monográfiája* (Szendrő, 2002).

Völkl, Ekkehard: Möglichkeiten und Grenzen der konfessionellen Toleranz dargestellt am Beispiel Siebenbürgens im 16. Jahrhundert, *Ungarn-Jahrbuch* 4 (1972), 46-60.

ウォーラーステイン，I.(川北　稔訳)：『近代世界システム——農業資本主義と「ヨーロッパ世界経済」の成立』岩波書店，1981 年 [Immanuel Wallerstein, *The Modern World-System. Capitalist Agriculture and the Origins of the European World-Economy in the Sixteenth Century* (New York, 1974)]

Weber, Georg and Weber, Renate (eds.): *Luther und Siebenbürgen. Ausstrahlungen von*

Reformation und Humanismus nach Südosteuropa (Köln/Wien, 1985).

Wellmann Imre: Közösségi rend és egyéni törekvések a 18. századi falu életében, *TSz* 23-3 (1980), 376-449.

———: Földközösségtől faluközességig. Kutatások és felfogások Tagányi Károlyitól Imreh Istvánig, *Ethnográphia* 100 (1989), 278-302.

Wilbur, Earl M.: *A History of Unitarianism in Transylvania, England and America* (Cambridge, 1952).

Winkelbauer, Thomas: "Und sollen sich die Parteien gütlich miteinander vertragen." Zur Behandlung von Streitigkeit und von „Injurien" vor den Patrimonialgerichten in Ober- und Niederösterreich in der frühen Neuzeit, *Zeitschrift der Savignyi-Stiftung für Rechtsgeschichte. Germanistische Abteilung* 109 (1992), 129-158.

———: Sozialdisziplinierung und Konfessionalisierung durch Grundherren in den österreichischen und böhmischen Ländern im 16. und 17. Jahrhundert, *Zeitschrift für historische Forschung* 19 (1992), 317-339.

———: Grundherrschaft, Sozialdisziplinierung und Konfessionalisierung in Böhmen, Mähren und Österreich unter der Enns im 16. und 17. Jahrhundert, in Bahlcke and Strohmeyer (eds.), *Konfessionalisierung in Ostmitteleuropa*, 307-338.

Wittman Tibor: *Az osztrák habsburg-hatalom válságos éveinek történetéhez. 1606-1618* (Szeged, 1959).

山崎　彰：『ドイツ近世的権力と土地貴族』未来社，2005 年。

吉田道也：「教会保護権序説」『法と政治の研究——九州大学法学部創立 30 周年記念論文集』1957 年，341-368 頁。

Zach, Krista: *Orthodoxe Kirche und rumänisches Volksbewußtsein im 15. bis 18. Jahrhundert* (Wiesbaden, 1977).

———: Fürst, Landtag und Stände. Die verfassungsrechtliche Frage in Siebenbürgen im 16. und 17. Jahrhundert, *Ungarn-Jahrbuch* 11 (1979), 63-90.

———: Zur Geschichte der Konfessionen in Siebenbürgen im 16. bis 18. Jahrhundert, *Südostdeutches Archiv* 24/25 (1981/82), 40-89.

Zeeden, Ernst Walter: *Konfessionsbildung. Studien zur Reformation, Gegenreformation und katholischen Reform* (Stuttgart, 1985).

Zernack, Klaus: Staatsmacht und Ständefreiheit. Politik und Gesellschaft in der Geschichte des östlichen Mitteleuropa, in Weczerka, Hugo (ed.), *Stände und Landesherrschaft in Ostmitteleuropa in der frühen Neuzeit* (Marburg, 1995), 1-10.

Zoványi Jenő: *A reformáció Magyarországon 1565-ig* (Budapest, 1922, rpt. 1986).

———: *A magyarországi protestantizmus 1565-től 1600-ig* (Budapest, 1977).

Zsilinszky Mihály: *A magyar országgyűlések vallásügy tárgyalásai a reformatiótól kezdve*. vol. 1. *A reformatiótól a bécsi békéig. 1523-1608* (Budapest, 1881); vol. 2. *A bécs kötéstől a linczi békekötéséig 1608-1647* (Budapest, 1891).